LA
GUYANE FRANÇAISE

2ᵉ SÉRIE IN-4°

PROPRIÉTÉ DES ÉDITEURS

Place de Mahã et débarcadère.

LA
GUYANE FRANÇAISE

SOUVENIRS
ET IMPRESSIONS DE VOYAGE

PAR

LE R. P. Jules BRUNETTI

DE LA CONGRÉGATION DU SAINT-ESPRIT ET DU SAINT-CŒUR-DE-MARIE

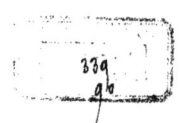

TOURS

ALFRED MAME ET FILS, ÉDITEURS

M DCCC XC

PRÉFACE

En janvier 1887, paraissait dans les *Missions catholiques*, bulletin hebdomadaire illustré de la Propagation de la foi, le récit, sous forme de journal, d'un voyage effectué à la Guyane française dans le fleuve du Maroni.

L'excellente revue faisait précéder la publication de ce voyage des lignes suivantes, que nous transcrivons :

« Nous commençons aujourd'hui sous le titre : *Deux peuplades africaines sur les bords du Maroni* (Guyane française), la publication d'un travail d'une très grande valeur et d'un très vif intérêt. A la suite du R. P. Brunetti, nous remonterons le cours du Maroni jusqu'à trois cents kilomètres dans l'intérieur, et ferons connaissance avec les peuplades fixées sur les bords ou dans les îles du grand fleuve. Ce journal de voyage abonde en aperçus nouveaux sur la contrée et sur les indigènes encore peu connus de la partie occidentale de notre grande colonie américaine. On y trouve également une étude complète des pénitenciers qui ont donné à son nom une triste célébrité.

« De curieuses anecdotes, mêlées au récit et fort agréablement racontées, captivent l'attention et soutiennent l'intérêt. De nombreux dessins, faits d'après nature par l'auteur lui-même, complètent le texte de la façon la plus heureuse, en mettant sous les yeux du lecteur les types, les sites, les objets décrits par le missionnaire. Nos souscripteurs seront d'autant plus heureux de trouver dans nos colonnes cette étude approfondie du nord-ouest de la Guyane française, que nous n'avions jusqu'ici reçu et publié que des publications très rares et très brèves de cette intéressante mission. »

S'il faut s'en rapporter au témoignage trop élogieux de la revue, ainsi qu'à celui d'un certain nombre de ses lecteurs, ce récit, qui à notre avis n'a que le mérite de la sincérité, aurait été parcouru avec intérêt. C'est pourquoi, sur la demande de plusieurs d'entre eux, j'ai cru devoir le publier à part. Afin de le rendre plus intéressant et plus complet, j'y ai ajouté un certain nombre d'observations sur Cayenne et sur la Guyane, que j'ai habitées pendant près de dix années. Mes appréciations sur notre grande colonie de l'Amérique du Sud paraîtront à quelques-uns peut-être un peu sévères. Malheureusement elles ne sont que trop vraies. Et encore je n'ai pas pu tout écrire, pour la même raison que toute vérité n'est pas bonne à dire.

Quoi qu'il en soit, je n'ai eu ni la pensée ni l'intention, en livrant à la publicité ces observations et ces notes de voyage, fruits d'une longue expérience et d'un long séjour dans les colonies, de récriminer contre les personnes.

J'ai beaucoup aimé la Guyane, et j'aurais voulu travailler efficacement à son relèvement et à sa prospérité en lui consacrant ma vie entière; mais les circonstances ne l'ont pas permis.

De loin comme de près, je fais des vœux pour que Dieu écarte de sa bonne et sympathique population, qui occupe encore une large place dans mes souvenirs, les malheurs et la ruine qui la menacent.

Ces pages que l'on va lire ont pour but principal de contribuer, autant qu'il est en moi, au bien de notre chère France équinoxiale, en même temps qu'au progrès de nos missions catholiques, une des plus grandes et des plus pures gloires de la fille aînée de l'Église.

LA

GUYANE FRANÇAISE

APERÇU GÉOGRAPHIQUE

La Guyane française, y compris le terrain contesté entre la France et le Brésil, forme un triangle rectangle, dont les deux côtés sont formés par l'Amazone au sud et le Maroni au sud-ouest; le côté du sud-est au nord-est, baigné par l'océan Atlantique, en est l'hypoténuse.

L'embouchure de l'Amazone étant à 0° de latitude et 52° de longitude, et celle du Maroni à 5° 55' de latitude et 56° 35' de longitude, en donnant à chaque degré à l'équateur 112 kilomètres, on a à l'ouest 550 kilomètres et 500 au sud, et, prenant la racine carrée de la somme des carrés des deux côtés, 750 kilomètres de littoral. Ce qui donne, en multipliant la base par la moitié d'un des côtés, une superficie approximative de 700×250, ou 175 000 kilomètres carrés. Plus de la moitié de cette superficie appartient au terrain contesté. Il reste donc pour la Guyane française, comprise entre l'Oyapock et le Maroni, 87 000 kilomètres carrés.

Ses limites sont : au sud, les Amazones, qui la séparent

du Brésil; à l'ouest, le Maroni, qui la sépare de la Guyane hollandaise; au nord-est, l'océan Atlantique; au sud-est, l'Oyapock, entre elle et le territoire contesté.

Une chaîne de montagnes courant de l'est à l'ouest, désignée sous le nom de Tumuc-Humac, et dont les principaux sommets peuvent atteindre 600 à 700 mètres, couverts d'immenses et impénétrables forêts, la sépare du bassin des Amazones. Cette partie montagneuse, la plus considérable, est absolument inexplorée; elle porte le nom de haute Guyane.

Parallèlement à cette chaîne, on remarque plusieurs séries de collines qui diminuent d'altitude en se rapprochant de la mer, et à travers lesquelles les nombreux cours d'eau alimentés par les pluies torrentielles de l'équateur sont obligés de se frayer un passage.

La région du littoral, la seule habitée, s'étend sur une longueur de côtes de 320 kilomètres, de l'Oyapock au Maroni, et sur une profondeur de 60 kilomètres, et embrasse une superficie d'environ deux millions d'hectares.

La Guyane pourrait à juste titre être appelée la terre des eaux, *water land,* comme diraient les Anglais. Elle est sillonnée d'une quantité de rivières, dont la plupart devraient porter le nom d'estuaires, car la marée se fait sentir jusqu'à quelques lieues de leur source.

Les deux plus grandes sont le Maroni et l'Oyapock, qui peuvent sans usurpation prendre le nom de fleuves, ayant l'un et l'autre un parcours d'au moins 500 kilomètres.

Entre ces deux fleuves, qui bornent la Guyane au nord-ouest et au sud-est, on a les rivières d'Approuague, du Mahury, de Kourou, de Sinnamary, de Mana, sans compter les petits cours d'eau, tels que : Wanary, Kaw, Tonnégrande, Montsinéry, Macouria, Yracoubo, Counamama et Organabo, qui toutes se jettent dans la mer. Ces rivières sont si rapprochées les unes des autres, qu'en longeant la côte, on rencontre leur embouchure à chaque 8 ou 10 kilomètres.

Elles communiquent presque toutes entre elles par des criques ou canaux, et ont leurs affluents très rapprochés. Aucune d'elles n'a de bassin proprement dit. C'est une immense quantité d'eau pluviale, s'éparpillant sur de vastes superficies à peine au-dessus du niveau de la mer et formant d'immenses espaces de terres vaseuses où croît le palétuvier et le pinau, et que l'on nomme des terrains d'alluvion, ou terres basses.

La mer et les rivières sont presque les seules voies de communication qui existent à la Guyane.

Le littoral se divise naturellement en trois parties :

1° L'île de Cayenne ou partie centrale, sur laquelle se trouve la ville dont elle porte le nom, ainsi que les quartiers de Tour de l'île et de l'Ile de Cayenne.

2° La partie sud-est, qui se trouve entre l'Ile de Cayenne et l'Oyapock ou partie au vent. Elle renferme cinq quartiers ou communes, qui sont : le Canal-Torcy, Roura, Kaw, Approuague et Oyapock, et dont la population totale est un peu au-dessous de 4 000 habitants.

3° Celle du nord-est, qui se trouve entre l'Ile de Cayenne et le Maroni ou partie sous le vent, est composée de sept quartiers, qui sont : Tonnégrande, Montsinéry, Macouria, Kourou, Sinnamary, Yracoubo et Mana. Sa population totale est de 4 200 habitants.

Chacune de ces communes ou quartiers porte le nom de la rivière sur laquelle il est établi, à l'exception du Canal-Torcy et de Roura, qui se trouvent toutes les deux sur le Mahury.

L'Ile de Cayenne est bien une petite portion de terre entourée d'eau de tous les côtés, mais enclavée dans le continent, dont elle ne se distingue pas à première vue. Elle est limitée au nord par la mer, à l'est par le Mahury, à l'ouest par la rivière de Tonnégrande, qui débouche dans la rade de Cayenne, au sud par un canal navigable qui relie le Mahury à la rivière de Tonnégrande. Cette île, assez considérable, dont la longueur est d'environ 18 kilomètres sur 10 de largeur, est divisée en deux parties presque égales par la Crique fouillée. C'est à son extrémité nord-ouest qu'est bâtie la ville de Cayenne, autour d'un mamelon sur lequel dès le principe avait été construit un fort appelé fort Cépérou.

Cayenne, dont le nom en France est synonyme de pays de déportation, de bagne, où l'on ne va que pour mourir, dévoré par les fièvres paludéennes ou les insectes de toutes sortes, ne mérite certainement pas la triste réputation qui lui a été faite.

Située à 4° 55' de latitude nord, et à 54° 38' de longitude occidentale, cette ville est à mon avis une des plus jolies de nos colonies. Construite sur un fond granitique élevé de 4 à 5 mètres au-dessus du niveau de la mer, elle est toute l'année rafraîchie par les vents alizés, qui lui viennent directement de la mer.

Quoique plus rapprochée de l'équateur, la chaleur y est beaucoup moins intense qu'à Saint-Pierre de la Martinique et à la Pointe-à-Pitre de la Guadeloupe. Les nuits, à n'importe quelle saison, y sont toujours fraîches, et la moyenne de la mortalité est au-dessous de celle de nos Antilles. Les fièvres intermittentes, très communes dans les quartiers, y sont rares, ainsi que les accès pernicieux. La fièvre jaune y était inconnue avant 1850, et on peut dire que c'est la transportation qui l'y a introduite.

La moyenne de la température est de 27°. Le thermomètre, à l'ombre, monte rarement au-dessus de 32°, et ne descend jamais au-dessous de 25°. En novembre, décembre, janvier et février, les vents soufflent du nord-est et les pluies sont abondantes, ainsi qu'en avril, mai et juin, lorsque les vents soufflent du sud et du sud-est. Pendant les années 1845-1850, la quantité moyenne d'eau tombée par année a été de $3^m 100$. Les mois de juillet, août, septembre, octobre, ainsi que les mois de mars et avril, sont généralement secs, et les vents soufflent de l'est.

Si la Guyane devenait prospère, Cayenne possède tout ce qu'il faut pour en être le centre et le cœur. Sa rade, quoique basse et envasée, est spacieuse et pourrait, au moyen de travaux de curage, devenir un excellent port pour les navires, et la ville un important entrepôt pour les marchandises d'exportation et d'importation.

Mais malheureusement, comme on peut le voir par les tableaux suivants, la population de tous les quartiers réunis au vent et sous le vent est moindre que celle de la ville, et les exportations, en dehors de l'industrie aurifère, sont descendues à un chiffre dérisoire. Partout ailleurs ce sont les produits de la campagne qui affluent à la ville, qui en alimentent le commerce et en font la richesse. A Cayenne, c'est le contraire qui a lieu. Les quartiers reçoivent leurs provisions de Cayenne, même les choses de première nécessité. On vit à la Guyane presque exclusivement de denrées venues de l'extérieur par navires. L'or est à peu près l'unique article d'exportation.

POPULATION DE LA GUYANE FRANÇAISE
AU 31 DÉCEMBRE 1884

Au 31 décembre 1884, le nombre d'individus composant la population de la Guyane française était de 17,475, non compris la population flottante.

Ce nombre se divisait comme suit :

Enfants au-dessous de 14 ans. { sexe masculin. 2,203 / — féminin. . 2,418 }	4,621
Célibataires au-dessus de 14 ans. { sexe masculin. 4,022 / — féminin. . 4,181 }	8,203
Hommes mariés.	1,147
Femmes mariées.	1,614
Veufs.	681
Veuves.	1,209
	17,475

Cette population peut être ainsi répartie :

Cayenne.	8,500
Quartiers ou communes.	8,975

A ce chiffre de 17,475, il faut ajouter :

1° Les tribus d'indiens aborigènes.	2,000
2° Réfugiés brésiliens (terrain contesté).	300
3° Militaires de toutes armes.	907
4° Personnel du service médical, d'administration et des divers services.	248
5° Religieuses de Saint-Joseph de Cluny et de Saint-Paul de Chartres.	92
6° Frères de Ploërmel.	15
7° Prêtres.	17
8° Immigrants africains.	623
9° Immigrants indiens.	3,657
10° Chinois.	26
11° Annamites.	43
12° Transportés hors des pénitenciers.	1,243
	26,646

Pénitenciers :

Cayenne.	150
Iles du Salut.	760
Kouroni.	270
Saint-Laurent du Maroni.	880
Saint-Maurice du Maroni.	200
	2,260

ÉTAT DES DENRÉES ET AUTRES PRODUITS DE LA COLONIE
EXPORTÉS EN 1836

Sucre brut.	2,514,769 k.	Cannelle et vanille.	548 k.
Sirop.	473,032 lit.	Muscade.	132 »
Rhum.	69,536 k.	Poivre.	24,177 »
Café.	20,328 »	Indigo.	50 »
Cacao.	23,340 »	Roucou.	312,002 »
Coton.	275,622 »	Bois d'ébénisterie.	611,501 »
Girofle.	99,208 »	Bois de construction.	40,000 bard.

ÉTAT DES DENRÉES ET AUTRES PRODUITS
EXPORTÉS EN 1885

Sucre brut.	»	Bois de construction.	»
Tafia.	1,344 lit.	Bois d'ébénisterie.	420 k.
Café.	331 k.	Peaux de bœufs.	1,372 p.
Coton.	»	Vessies natatoires.	3,601 k.
Cacao.	18,722 k.	Caoutchouc.	1,611 »
Girofle.	101 »	Or natif.	1,953 k. 269
Roucou.	75,065 »		

1

AVANT LE DÉPART. — CAYENNE AU POINT DE VUE RELIGIEUX. —
LE PÈRE MIGNON. — COUP D'ŒIL SUR LA GUYANE

« Vous arrivez de Cayenne, me disait-on à la Martinique, lorsque j'y vins en 1863, vous êtes donc libéré? » C'était à Cayenne, en effet, que j'avais commencé ma vie de missionnaire et passé les sept premières années de mon apostolat au milieu des noirs, de 1855 à 1863.

« Oui, répondis-je à mon interlocuteur, qui était de la Corse, et j'y ai connu beaucoup de vos compatriotes. »

Je ne me doutais pas alors que j'y reviendrais vingt ans après. C'est que, comme me l'écrivait le vénérable et digne père de Montfort, de la Compagnie de Jésus, qui lui aussi avait été au milieu des forçats, « un Jésuite (et nous sommes tous, nous religieux, plus ou moins jésuites), est toujours un peu récidiviste. Je ne désespère donc pas, ajoutait-il, de retourner un jour au Maroni. » Ces prévisions du cher père de Montfort se sont réalisées, non pas pour lui, mais pour moi.

La première fois que je vins à Cayenne, avec l'enthousiasme de mes vingt-quatre ans et le désir de me consacrer entièrement au salut et au relèvement des noirs, tout me paraissait beau. Il me souvient, en effet, qu'à cette époque il y avait là une population simple, de mœurs très douces et pleine d'un affectueux respect à l'égard des missionnaires, de ses *monpés,* comme elle les appelait. Et lorsqu'il en arrivait un de France, c'était un événement dans la ville, et tout le monde voulait voir le *monpé nove,* le nouveau missionnaire.

Aux offices religieux, l'église, pourtant assez vaste, était trop étroite pour contenir tout le monde.

Les premières communions d'adultes étaient très nombreuses, presque aussi nombreuses que celles des enfants; les catéchismes parfaitement suivis. Sortis à peine de l'esclavage, qui pour eux avait été assez doux, ils allaient tout naturellement à la seule véritable liberté, qui est celle des enfants de Dieu. La religion occupait dans cette population le rang qui lui convient, elle était la première. Les missionnaires avaient peine à suffire à la besogne occasionnée par les confessions, les catéchismes, les réunions de toutes sortes, la visite des malades. Leurs journées entières et une partie de leurs nuits étaient consacrées à ce pénible mais consolant ministère.

C'était le beau temps alors, le temps des splendides premières communions, des retraites si recueillies, si joyeuses; le temps où *Néné Céleste* (une fervente négresse) s'en allait en trottinant dès le grand matin à l'église.

« Bonjour, Néné Céleste, côté où qu'a allé si bon matin? lui demandait-on.

— Vous pas savez don? Pé Guilmin qu'a chanté la messe, pov' diab! li pas savé chanté, mo qu'a couri pou allé chanté qué li. (Vous ne savez donc pas? C'est le P. Guilmin qui va chanter la messe, pauvre diable! il ne sait pas chanter; je cours pour aller chanter avec lui.) »

Elle chantait, en effet, avec sa petite voix très juste, tout ce que chantaient et le célébrant et les chantres.

Puis elle allait prendre son poste dans la chapelle de la Sainte-Vierge, dont elle s'était constituée la gardienne, et là, tout le long du jour, elle répétait les cantiques qu'elle savait, parlait avec *maman Marie,* la *babillait* (la grondait), lui faisait ses confidences, absolument comme elle aurait agi dans sa case avec une mère tendrement aimée.

C'était le temps où *Papa Aimé* (encore un bon nègre) passait des heures entières devant la balustrade du chœur. Il me semble le voir encore, répétant à haute voix les courtes prières qu'il savait. Les moustiques, les maringouins avaient beau s'abattre sur lui, le harceler en tout sens, piquer sa peau noire que laissaient à découvert ses vêtements déchirés et sa chemise en lambeaux; rien ne pouvait interrompre sa prière ni le distraire. Il se contentait de frapper avec ses mains à droite et à gauche, sur ses bras, sur ses épaules, sur ses jambes d'une manière automatique : « Je vous salue, Marie, — *pam!* — pleine de grâces, — *paf!* — le Seigneur est avec vous; — *bim!* — vous êtes bénie entre toutes les femmes, » — *dèb!* — et ainsi de suite.

C'était le temps où quatre à cinq cents enfants suivant les exercices de la retraite préparatoire à la première communion pleuraient à chaudes larmes, lorsqu'on leur parlait du sacrilège, continuant à sangloter en arrivant dans leur famille et pendant une partie de la nuit.

C'était le temps où le frère Thomas disait : « Il ne serait pas nécessaire aux pères d'avoir une chambre, puisqu'ils ne l'occupent jamais ; il suffirait de leur donner un hamac, que l'on suspendrait aux palmistes qui sont autour de l'église ; ils seraient ainsi plus rapprochés du lieu où ils passent une grande partie de leur journée. »

C'était le temps où le cher père Mignon, mort en souriant pendant la terrible épidémie de fièvre jaune de 1855, victime de son zèle, prêchait en créole d'une manière admirable, et arrachait des larmes, des cris et des sanglots à sa nombreuse assistance. Et en parlant de ce cher père je ne puis résister au désir de reproduire la lettre par laquelle j'annonçais à notre père Général cette mort édifiante :

« Cayenne, 12 août 1855.

« Mon très révérend et bien-aimé Père,

« Pourquoi suis-je destiné, par la seconde lettre que je vous écris, à percer votre cœur paternel du glaive de la douleur? Un de vos enfants vient de quitter la terre, pour aller grossir le nombre de nos confrères au ciel et y rejoindre notre vénéré Père. Le père Mignon est la seconde victime que Dieu ait choisi parmi les enfants du Saint-Cœur de Marie envoyés à la Guyane. Hier, le 11 août, à une heure et demie à peu près de l'après-midi, il rendait le dernier soupir entre les bras de Jésus et de Marie. *Pretiosa in conspectu Domini mors sanctorum ejus.* Quelle mort désirable qu'une mort pareille !

« Mais je veux entrer dans de plus grands détails.

« Vous savez, mon révérend Père, que depuis un an et demi environ, le cher père qui vient de nous quitter desservait l'hôpital. Depuis que je suis arrivé, il avait interrompu ce service pendant quelque temps, et à deux intervalles différents, pour aller faire des missions dans les quartiers de Tonnégrande et de la Gabrielle. Il venait de reprendre son service, lorsque la fièvre jaune, qui a déjà fait tant de victimes, se déclara dans la colonie. C'était vers le milieu de juin. Les premiers cas eurent lieu sur la gabarre *le Gardien,* sur laquelle j'étais venu, et dont on avait fait un ponton, peu après mon arrivée, pour y mettre les transportés malades. Du *Gardien,* la fièvre fut communiquée à l'hôpital, à la caserne et dans la ville; mais le principal foyer fut bientôt l'hôpital, où étaient apportés tous les malades atteints de cette maladie. Le père Mignon fut tout seul, pendant le mois de juin et de juillet, à visiter, à consoler les victimes de l'épidémie, et à leur donner les secours de la religion; aussi le jour et la nuit était-il sur pied. On venait l'appeler trois ou quatre fois chaque nuit. (A plusieurs reprises j'avais demandé à aider mon confrère, mais le père Supérieur ne crut pas devoir y consentir, disant qu'il suffisait d'en exposer un; que, pendant que le père Mignon pourrait faire seul, il ne fallait pas nous exposer tous deux à être atteints de la fièvre; que moi, en particulier, qui venais d'arriver tout nouvellement, j'étais beaucoup plus exposé que les autres.)

« Au commencement d'août, il dut interrompre son ministère pour prêcher la retraite aux enfants de la première communion qui, cette année, étaient très nombreux. La retraite ne le fatigua pas trop, il semblait même qu'il reprenait les forces qu'il avait perdues à l'hôpital. La première communion eut lieu le dimanche 5 août. Le 7, mardi, il commença sa retraite du mois, qui devait être, dans les desseins de Dieu, une préparation à sa maladie et à sa mort. Vers les neuf heures je passai dans sa chambre; il avait sa vieille douillette.

« — J'ai un peu de fièvre, me dit-il.

« — Il faut vous mettre au lit, mon Père, » lui répondis-je.

« Il m'obéit. Une forte fièvre commença aussitôt à se déclarer. Le médecin en chef, qui demeure dans notre voisinage, fut appelé. Il déclara que c'était la fièvre jaune. Le mercredi, la fièvre augmenta, et ce fut pour ne plus le quitter. Notre cher malade entra, le jeudi, dans la seconde période. Le soir de ce jour, le médecin nous dit que si la nuit n'était pas bonne, il y avait du danger. La nuit ne fut pas bonne, et les vomissements noirs commencèrent. Le vendredi matin, le père Supérieur le confessa; il n'avait pas l'air de se douter qu'il fût dangereusement malade.

« — Mon Père, lui demandai-je, comment avez-vous passé la nuit?

« — Bien, me dit-il en riant, je suis bien ce matin, je ne me sens plus de mal. »

« Je lui tâtai le pouls : il avait une fièvre extrêmement forte.

« — Mon cher, lui dis-je après un moment de silence, je ne vous « trouve pas bien. » Il parut un peu étonné.

« — Vous êtes en danger; on va vous apporter dans un moment « le saint Viatique.

« — Pourquoi mon Père, qui vient de me confesser, ne me l'a-« t-il pas dit? O mon cher, ajouta-t-il en me serrant la main, il ne « faut pas craindre de me frapper, » et un léger sourire de paix, de résignation et d'amour passa sur ses lèvres.

« Depuis ce moment, son visage parut plus calme, plus serein; il semblait avoir oublié ses souffrances, pour ne plus penser qu'à son Dieu, et il entra dans un profond recueillement, qu'il garda, pour ainsi dire, jusqu'à son dernier soupir. La journée de vendredi nous avait laissé encore quelque espoir; à force de soins, on avait obtenu la transpiration, chose bien précieuse dans cette cruelle maladie; mais la nuit fut très mauvaise, et le médecin déclara, le samedi matin, que c'en était fait de lui.

« Vers onze heures, le père Supérieur récita les prières des agonisants. Le mourant tenait son crucifix collé sur ses lèvres. Un rayon céleste semblait être descendu sur son visage. Il paraissait tout enflammé d'amour. O mon bien-aimé Père, la belle mort qu'a faite votre enfant qui n'est plus! Depuis ce moment jusque vers deux heures de l'après-midi, il tint continuellement sur ses lèvres l'image de son Sauveur crucifié. A deux heures, son âme s'était envolée au ciel, il venait de nous quitter.

« Au moment de son agonie, beaucoup d'enfants et d'autres personnes qui se tenaient devant la case, et qui attendaient des nouvelles du mourant, ont vu plusieurs étoiles assez peu élevées. L'une d'entre elles s'est détachée et a fait devant notre case le mouvement que font dans la nuit les étoiles filantes. Un de ces enfants est entré dans la case appeler les personnes qui étaient là, les invitant à venir voir ce phénomène extraordinaire.

« Les funérailles de notre cher défunt eurent lieu à dix heures du soir. (Depuis la fin de juillet, il n'y a aucun enterrement public. Tous se font à dix heures du soir ou à trois heures du matin. C'est à ces heures que passe un tombereau où l'on place les cadavres, qu'il conduit à la savane. On laisse toutefois la faculté de les porter jusqu'au cimetière et même de les accompagner, mais sans aucune cérémonie et sans aucun bruit.) Plus de quatre cents personnes suivaient le cercueil de notre bien-aimé confrère. Beaucoup versaient des larmes et sanglotaient. Les jeunes gens se disputaient l'honneur de le porter; depuis la case à la savane (au cimetière), ils se sont relayés plus de douze fois, afin d'avoir tous cet honneur. »

Hélas! depuis lors les choses ont bien changé. Je n'ai plus retrouvé en 1883 mon Cayenne de 1855. La triste époque où nous sommes, les mines d'or, l'émigration étrangère, la franc-maçonnerie qui y règne en maîtresse, nous l'ont gâté.

Nos jeunes gens, si bons, si dociles, si généreux autrefois, ont oublié pour la plupart le chemin de l'église, et sont enrôlés dans cette funeste société, qui semble avoir pour mission spéciale et a pour effet certain l'obscurcissement des intelligences, l'abaissement des caractères et la destruction des familles chrétiennes, et que non seulement tout prêtre, mais tout chrétien doit se faire un devoir de stigmatiser et de combattre. Elle a ici, comme partout, pour mot d'ordre le laïcisme à outrance, la guerre à la religion et à Dieu. Le collège de la ville a été retiré aux frères de l'Instruction chrétienne, et il a été déjà plusieurs fois question de les remplacer, ainsi que les sœurs de Saint-Joseph, dans les écoles primaires, par des instituteurs et des institutrices laïques.

La situation financière n'est pas moins triste. Le budget local, qui est relativement considérable pour une si petite population, est gaspillé de plus en plus. Il y a, proportions gardées et eu égard à une population qui ne s'élève pas au-dessus de vingt-cinq mille âmes, dix fois plus d'employés qu'il n'y en a en France, où cependant il n'y a pas disette.

J'ai voulu, par curiosité, consulter le budget local de 1885, et faire le calcul des sommes qu'absorbent les fonctionnaires. Voici à quel résultat je suis arrivé. Pour le personnel (non compris la magistrature, la troupe, le gouverneur, la marine, les cultes, la transportation), ces sommes s'élèvent à 1 026 500 francs. Lisez bien : un million vingt-six mille cinq cents francs. En ajoutant à ce chiffre les allocations et subventions pour frais de logement, de déplacement, de bureau, etc., ainsi que l'entretien des bâtiments, on arrive facilement à la somme ronde de 1 200 000 francs. C'est les deux tiers du budget, qui s'élève à la somme de 1 800 000 francs.

Et si l'on ajoute à ce budget celui de la métropole pour les employés des divers services, gouvernement, marine, magistrature, culte, transportation, elles sont doublées; et l'on a, rien que pour les fonctionnaires et employés d'une colonie dont la population totale ne dépasse pas 25 000 âmes, 2 200 000 francs de dépenses.

En nous rappelant toujours le chiffre maximum de la population, 25 000 âmes, chaque habitant paye donc 40 francs la faveur d'avoir une armée de fonctionnaires et d'em-

Pirogue d'Indiens.   Pirogues d'Indigènes.   Pirogue de Mana.   Pirogue de Bosch.

ployés. La métropole paye le reste. Beaucoup donneraient cette somme pour n'en avoir pas, et je suis un peu de leur avis.

On comprend qu'avec cet énorme budget local de 1 800 000 francs ainsi gaspillé, non compris le budget de Cayenne, aucune amélioration ne s'opère. La rade, le port, le canal Laussat, restent envasés. La plupart des maisons de la ville sont couvertes d'une poussière jaune, et le service de voirie s'y fait tous les matins par les urubus, espèce de vautours, dont le quartier général est établi sur les palmistes de la Savane ou grande place. Ce sont eux qui heureusement débarrassent les rues des immondices et des charognes que l'on jette dans les fossés.

Et pourtant cette ville est bien située, ses rues sont larges et spacieuses, les maisons de la ville neuve, entre cour et jardin, assez gracieuses. Et tout cela mêlé à une luxuriante et splendide végétation.

En dehors de la ville, pas ou peu de voies de communications par terre, si ce n'est dans l'île de Cayenne. Pas même un service de bateaux à vapeur pour se rendre dans les différents points de la colonie, au vent et sous le vent de Cayenne. Les seuls moyens de transport sont des goélettes ou des *tapouyes* mal aménagées, sur lesquelles sont entassés pêle-mêle les marchandises, le bétail, les passagers. Elles mettent huit jours pour parcourir une distance que l'on franchirait facilement en un jour dans tout autre pays.

Je pourrais en dire plus long encore, si de l'état matériel je passais à l'état moral; et, dans cet ordre de choses, il n'y a pas d'urubus qui soient chargés du service de la voirie. Mais à quoi bon? Il sera facile de tirer les conclusions de ces quelques notes que je trace à la hâte, en attendant le moment de mon départ.

Nous sommes loin de la perfection dans notre Guyane.

Je dois cependant ajouter, pour l'honneur de cette chère population que j'aime, et pour être dans la vérité, qu'il y a encore du bon et du très bon à la Guyane. La population guyanaise, la vraie population, a conservé sa foi et ses pratiques religieuses. Et si les missionnaires ont dans l'accomplissement de leur saint ministère bien des peines et des tristesses, ils ont aussi, au milieu de leurs incessants et pénibles travaux, bien des consolations.

II

ENCORE LA GUYANE ET CAYENNE. — SES MINES D'OR

Les mines d'or sont-elles au moins une cause de prospérité pour la Guyane? C'est ce à quoi nous allons essayer de répondre.

Attirés par l'appât du gain, les jeunes gens valides s'en vont sur les placers où l'on trouve le précieux métal, et abandonnent les métiers et la culture. Dans la plupart des quartiers, c'est-à-dire dans la campagne et sur les habitations, il ne reste que les invalides et les vieillards; les enfants eux-mêmes viennent presque tous à l'école à Cayenne. Puis, au bout de quelque temps, usés par un travail des plus pénibles, par les excès, par les fièvres des grands bois, ils reviennent mourir misérablement à la fleur de leur âge sous les yeux de leurs familles désolées, qu'ils n'auraient jamais dû quitter.

Aussi y a-t-il peu ou point de culture. Quelques rares abatis de manioc, de maïs; quelques patates ou ignames. Pas de jardins; les légumes se vendent à un prix exorbitant. Pas d'arbres fruitiers; une seule habitation sucrière, celle des sœurs de Saint-Joseph de Mana; une ou deux habitations roucouyères. Et pour trouver les mangues si renommées de Cayenne, il faut aller maintenant à la Martinique.

Il y a ceci d'étrange, que dans le pays du café, de la canne à sucre, des épices, on fasse venir de France le café, le sucre, les épices nécessaires à la consommation du pays. La mer, les rivières, possèdent une grande quantité de poisson; mais il y vit très tranquille, et on mange la morue et le baccaliau qui vient de Terre-Neuve. La Guyane a d'immenses savanes où le bétail pourrait prospérer, et où il serait facile de former de nombreuses hattes. Mais il n'en est rien, car il faudrait d'abord une population qui n'existe pas. Aussi, pour alimenter de viande de boucherie la ville de Cayenne, est-on obligé d'aller à grands frais chercher dans l'Orénoque et au Para des bœufs qui, après de longues courses et une plus longue traversée encore, arrivent à Cayenne maigres et efflanqués, et fournissent une viande de qualité très inférieure, dont on demande un prix élevé. Heureux encore quand des accidents de mer n'en privent pas la ville pendant des semaines et quelquefois des mois entiers! Les neuf dixièmes de la Guyane sont couverts d'immenses forêts, et, pour les constructions qu'on y élève, on fait venir par navires des bois de sapin de l'Amérique du Nord.

Mais qu'importe, me direz-vous en lisant ces dernières lignes, l'absence de toute culture et le chiffre dérisoire des produits agricoles? A la Guyane on récolte l'or à pleines mains, et avec de l'or on peut se procurer tout. C'est ainsi, en effet, que raisonnent certaines gens. Ce n'est pas précisément mon avis.

On récolte dans les placers établis sur les bords du Maroni, de Sinnamary, de la Mana, du Kourou, de la Comté, de l'Approuague, de l'Oyapock, environ 2 000 kilogrammes d'or, et, le gramme valant trois francs, cela donne six millions par années. Mais la plupart de ces placers appartiennent à des compagnies françaises, et les ouvriers qui y travaillent sont aux deux tiers des ouvriers étrangers. Ni les uns ni les autres ne résident dans le pays. A de rares exceptions près, ce n'est donc pas la population de la Guyane qui bénéficie de cet or, et ce n'est pas elle qu'il enrichira.

Et comme l'agriculture est absolument abandonnée pour la recherche de l'or, lorsque les terrains aurifères seront épuisés et que les filons de quartz auront été broyés par de puissantes machines pour en extraire le précieux métal, la colonie sera ce qu'elle était il y a vingt ou trente ans, un pays absolument inculte, où quelques milliers d'hommes, restes affaiblis d'une population qui décroît sans cesse, trouveront à peine de quoi subvenir à leurs premiers besoins. Et l'on sait que les terrains aurifères s'épuisent vite, comme on ne sait pas encore bien si l'or renfermé dans les quartz payera suffisamment les frais énormes de la main-d'œuvre et de l'outillage nécessaires à l'extraction du métal.

Il y aurait un moyen peut-être de prévenir cette décadence et de faire servir l'exploitation aurifère à la prospérité et à l'agrandissement de la colonie, ce serait de mener de front l'exploitation agricole et aurifère. Étendre le plus possible les cultures à côté de chaque placer, remuer ce limon primitif, ces larges couches d'humus accumulées par les siècles, et qui ont dévoré depuis deux cents ans tant d'existences, non seulement pour y découvrir les terres aurifères, mais pour en faire de gras pâturages et des champs fertiles. Après avoir extrait l'or du sol, lavé les graviers aurifères, broyé les quartz, fouiller la couche végétale, aussi riche que la couche aurifère, et lui faire produire le café, le cacao, le coton, la canne à sucre, des herbes pour le bétail.

On rendrait ainsi à la Guyane une partie des trésors qu'elle prodigue aux chercheurs d'or, et le premier avantage serait pour ceux-ci ; car, pouvant s'approvisionner sur place, ils auraient pour leurs travailleurs des vivres de bien meilleure qualité et à des prix moindres que ceux qu'ils font venir à grands frais de l'extérieur.

Mais ce serait un avantage bien plus grand encore pour le pays; car les placers deviendraient ainsi des centres de population, que la colonie aurait à relier entre eux par des voies de communication.

Les compagnies aurifères et les propriétaires de placers comprendront-ils leurs véritables intérêts et ceux de la colonie? Et, à supposer qu'ils entrent dans cet ordre d'idées, pourront-ils mettre ces projets à exécution?

Les obstacles, en effet, sont nombreux.

Avec les ouvriers qu'ils recrutent pour les besoins de leur exploitation, il leur sera difficile de former une population saine, calme, sédentaire. Comment établir la vie de famille parmi ces travailleurs de toutes races et de tous pays, où il n'y a presque que des hommes dont le seul désir est de gagner un peu d'or, que l'on dépensera ensuite dans une série d'orgies!

D'un autre côté, il faut bien avouer que le séjour des grands bois est loin d'être salutaire. Le travail prolongé dans l'eau, l'insalubrité d'un brouillard humide, les miasmes qui se dégagent de toutes ces terres basses dont ils sont entourés, joint à l'usage des salaisons, des conserves et à l'abus des alcools, usent bien vite les constitutions les plus robustes et provoquent de nombreuses maladies, parmi lesquelles il faut citer les ulcères aux jambes, la fièvre maligne, que l'on appelle fièvre des grands bois, et l'anémie profonde. Nous ne croyons pas exagérer en assurant que la moitié de ces hommes qui sont attirés dans les forêts de la Guyane par l'appât de l'or succombent rapidement, et sont surpris par la mort avant d'avoir pu jouir du fruit de leurs pénibles travaux.

Pour nous missionnaires, comme pour tout homme bien

pensant, il faut, pour toute colonisation, la vie religieuse et la famille; un clocher qui domine le point habité au-dessus d'une chapelle où l'on se réunit pour prier, et autour des foyers abritant un homme et une femme unis légitimement, et à qui Dieu donne comme récompense des enfants. Ce sont là les deux éléments essentiels de toute colonisation. En dehors d'eux, il ne peut y avoir que des agglomérations et des exploitations passagères. Et je défie toutes les fortes têtes qui s'occupent de colonisation, de trouver dans leur bagage scientifique d'autres moyens de coloniser.

Dans son essai sur la question coloniale à la Guyane française, M. Déjean, propriétaire et homme d'une haute intelligence, écrivait ces lignes, qui sont aussi vraies en ce moment qu'elles l'étaient en 1848 :

« Colonisation est synonyme de civilisation et de moralisation. Pour coloniser, il faut d'abord cultiver l'esprit et le cœur; et cette culture, condition indispensable de la culture de la terre, ne peut être confiée dans la colonie qu'au prêtre. A lui la mission d'agir sur les populations abruties, à lui le soin d'épurer les âmes et de les élever à la contemplation de Dieu. C'est par la religion qu'a commencé l'éducation de tous les peuples. Une religion comme l'est celle du Christ est la première initiation à la sociabilité et à la vie libre. Mais, pour que le prêtre accomplisse le devoir qui lui est imposé, il doit constamment être en contact avec les populations, et il faut qu'elles puissent facilement venir à lui. La religion est le pain de la misère, la manne du pauvre, la force et la lumière du travailleur. »

Pour que l'exploitation des terrains aurifères de la Guyane contribue à la prospérité du pays, il est donc nécessaire de procéder autrement qu'on ne l'a fait jusqu'à ce jour. Il y a pour les exploiteurs obligation de moraliser leurs ouvriers et d'établir des cultures sur leurs établissements, si l'on ne veut pas que la fièvre de l'or, se joignant aux autres fièvres de la Guyane, ne soit un nouvel élément de décomposition pour la population guyanaise, et un nouvel obstacle au développement et à la prospérité de la France équinoxiale.

III

MISSION ET PRÉFECTURE APOSTOLIQUE. — PRÉPARATIFS DE DÉPART.
— VISITE AU GOUVERNEUR DE LA GUYANE. — MORT DE SES ENFANTS. —
SUBSIDES REFUSÉS PAR LA COMMISSION COLONIALE ET ACCORDÉS
PAR M. LE CARDINAL

Une préfecture apostolique, qui comprend en ce moment vingt-cinq missionnaires, treize prêtres séculiers et douze membres de notre Congrégation, est chargée du service religieux à la Guyane.

Mais, en dehors du ministère paroissial à Cayenne et dans les quartiers et des aumôneries de la colonie pénitentiaire, la sacrée congrégation de la Propagande nous a confié deux missions bien intéressantes : celle des Indiens portugais ou Tapouyes, dans le terrain contesté entre l'Oyapock et les Amazones, et celle des peuplades qui habitent le haut Maroni.

C'est en faveur de cette dernière que j'ai entrepris mon voyage, afin de nous rendre un compte exact des besoins de ces populations et d'examiner ce qu'il y aurait lieu de tenter pour leur évangélisation.

Ce n'est pas d'ailleurs la première excursion de ce genre qui ait été entreprise. A diverses époques, trois de nos pères : le P. Neu en 1858, le P. Krænner en 1865 et 1867, et le T. R. P. Emonet, alors préfet apostolique de la Guyane, accompagné du P. Krænner et du docteur Crevaux en 1877, avaient remonté le Maroni et ses affluents l'Awa et le Tapanaoni.

Mais ces divers voyages, entrepris à des époques déjà éloignées, ne nous laissaient que des données incomplètes et insuffisantes sur les peuplades qui habitent les deux rives et les îles innombrables de ce grand fleuve, surtout sur les nègres Boschs et Bonis, qui viennent depuis quelques années travailler en assez grand nombre à Mana. Il fut donc décidé, depuis l'année dernière, que l'un de nous entreprendrait ce long et périlleux voyage. Je n'eus pas de peine à obtenir du R. P. Guyodo, préfet apostolique, cette faveur enviée. J'y avais d'ailleurs un certain droit, comme le plus ancien des pères et le plus habitué au climat des pays intertropicaux, que j'habite depuis près de trente ans, et aussi en qualité de juif errant et de visiteur *in partibus infidelium*, comme mon frère m'appelait, non sans malice.

Dès les premiers jours de janvier, je commençai à faire mes préparatifs. Il me fallait bien des choses pour mon voyage : provisions de bouche, linge, médicaments, objets pour la célébration du saint sacrifice et l'administration des sacrements; puis, pour offrir en cadeau aux Gran-Man et aux capitaines de tout grade : du tabac, des munitions, des haches, des sabres d'abatis, des couteaux, des étoffes, de la verroterie, etc.; ce que je trouvai facilement à Cayenne dans les magasins, moyennant finances.

Mais comme mon voyage avait pour but l'évangélisation de ces peuplades, et comme moyen et conséquence tout à la fois de les rapprocher de la colonie française et de les mettre en communication avec elle, je crus pouvoir demander à l'administration coloniale quelques subsides pour m'aider à en payer les frais. En conséquence, je fis avec le directeur des pénitenciers une visite à M. Le Cardinal, inspecteur général de la marine et gouverneur de la Guyane, que j'avais connu à la Guadeloupe, et qui dès le commencement m'avait manifesté beaucoup d'amicale bienveillance. C'était en même temps une visite de condoléance, car M. Le Cardinal venait de perdre coup sur coup, et en moins de quarante jours, quatre de ses enfants, emportés par la fièvre jaune. Il était arrivé en novembre 1885 avec sa femme et ses cinq enfants, trois garçons et deux filles. Le 12 janvier, quand nous allâmes le voir à sa maison de campagne de Bourda, il ne lui restait plus que l'aînée de ses filles, qui elle-même avait été aux portes du tombeau.

Le premier, un jeune homme de dix-sept ans, mourait le 8 décembre, son frère cadet le 12; une jeune fille de dix-neuf ans tombait malade le jour même de la mort de son second frère, et rendait le dernier soupir le 19. Et enfin le petit Pierre, un enfant de onze ans, était atteint par la cruelle maladie le 1er janvier, et allait, le 7 du même mois, rejoindre ses deux frères et sa sœur.

M. Le Cardinal a été, de l'avis de tous, d'un courage au-dessus de tout éloge en cette circonstance. Refoulant au fond de son cœur les poignantes douleurs qui devaient l'étreindre et le briser, il a voulu accompagner chacun de ses chers enfants à sa dernière demeure. En face du cadavre de son quatrième enfant, que la cruelle mort venait de lui enlever, sa douleur eut un moment le dessus. Il ne se sentait pas la force d'accompagner celui-là jusqu'au cimetière. Sa femme, créole de la Trinidad, lui dit : « Si tu n'as pas le courage de faire pour notre petit Pierre ce que tu as fait pour nos autres enfants, c'est moi qui prendrai ta place. » Il répondit : « J'irai; » et il suivit jusqu'au cimetière cette quatrième victime que la cruelle mort avait faite dans son foyer, naguère rempli et maintenant désert.

Il me semble encore le voir, accablé et absorbé par sa douleur, marcher les yeux hagards derrière le cercueil de son enfant. L'assistance d'élite qui suivait le convoi était profondément émue.

Au cimetière, les quatre tombes étaient placées les unes à côté des autres parallèlement. Lorsque ce dernier cercueil fut mis dans la fosse qui avait été creusée pour le recevoir, et que la première pelletée de terre eut été jetée, le malheureux père, se tournant vers ces quatre tombes, étendit les bras comme pour les unir dans un suprême embrassement, et un long sanglot s'échappa de sa poitrine. Douloureux et poignant spectacle! qui tira des larmes à tous les assistants.

Rentré dans sa maison vide, sa noble et digne épouse, comme on en trouve encore beaucoup parmi nos créoles des Antilles, lui dit en se jetant à son cou : « Mon ami, maintenant que quatre de nos enfants reposent dans le cimetière de Cayenne, nous ne les quitterons plus, nous fixerons notre demeure ici; c'est une nouvelle patrie que la mort nous a faite. »

Admirables paroles, sorties toutes chaudes et toutes palpitantes de tendresse et d'amour du cœur brisé d'une véritable mère.

Or, à ce même moment, une pétition était envoyée au ministre de la marine. Vous vous imaginez peut-être qu'elle était l'écho des sentiments de Mme Le Cardinal et demandait au ministre de conserver longtemps à la tête de la colonie l'habile administrateur, l'inspecteur éminent qui venait d'être si cruellement éprouvé? — M. Le Cardinal savait, lorsque le gouvernement de la Guyane lui fut confié, que la fièvre jaune avait fait son apparition à Cayenne; et il aurait pu retarder son départ et attendre que le terrible fléau eût cessé. Mais, ne consultant que son devoir, il vint prendre aussitôt possession du poste périlleux qui lui avait été assigné, accompagné de toute sa famille, qui ne voulut pas le laisser partir seul. — Vous vous trompez.

Cette pétition, qui restera comme un monument d'ingratitude, demandait le changement et le rappel du nouveau gouverneur. Et, parmi les griefs que l'on faisait valoir, le principal était que le gouverneur avait fait appeler un prêtre auprès du lit de mort de ses enfants!...

Après avoir causé longuement de ses chers défunts, je lui dis que je me disposais à faire une longue excursion dans le Maroni, chez les nègres Boschs et Bonis, et que j'accepterais avec reconnaissance une allocation pour frais de voyage. M. le gouverneur comprit bien vite que ma mission était éminemment civilisatrice, et que le seul moyen de rapprocher ces peuplades de nous était de les évangéliser. Aussi accéda-t-il volontiers à mon désir, me priant de formuler une demande en ce sens dans une lettre adressée au directeur de l'Intérieur.

Ma demande fut soumise à la commission coloniale, composée de quatre membres du conseil général hostiles à la religion. Elle fut rejetée. Mais M. le gouverneur passa outre, et après mon départ fit inscrire d'office une somme de cinq cents francs destinés à acheter divers objets, qui me furent expédiés plus tard pour être offerts en cadeau aux chefs nègres.

Mes préparatifs étant terminés et mes achats faits, sans oublier un hamac avec son moustiquaire, un waterproof en cas de pluie, un bon fusil Lefaucheux, j'attendis une occasion favorable qui se présenterait pour Mana, ma première étape.

IV

DE CAYENNE A MANA. — EMBOUCHURE DE LA MANA ET DU MARONI. — LE BOURG DE MANA. — LÉPROSERIE DE L'ACCAROUANY

Elle ne tarda pas à s'offrir; et le 23 janvier, après avoir dit adieu à mes confrères de Cayenne, je m'embarquai à bord de l'*Espérance,* goélette appartenant à l'un des négociants de Cayenne, M. Pierret, qui se fit un devoir de me conduire lui-même à bord et de me recommander chaudement au capitaine Petit-Papa, que je connaissais d'ailleurs. Cette goélette avait un chargement pour les placers de Mana et une trentaine de passagers, la plupart engagés pour l'exploitation des mines d'or.

Il faut avoir voyagé à bord de ces bâtiments pour se faire une idée du pêle-mêle qui y règne. C'est un amas confus de gens, de barriques de vin et de tafia, de caisses d'huile, de paniers de pommes de terre, de barils de couac et de farine de France. Toute circulation devient impossible, même aux hommes d'équipage, qui sont obligés de se servir des plats-bords et des bastingages pour aller de l'avant à l'arrière et opérer les différentes manœuvres qu'exigent dans la voilure les variations du vent. Il est bien entendu que l'armateur ne se charge pas de la nourri-

Embouchure du Maroüi et de la Mana.

ture des passagers ; chacun est obligé de porter avec soi ses provisions. Tout le monde est à la planche, quoiqu'il y ait des passagers d'avant et d'arrière. Cela n'empêche pas la gaieté dans les conversations.

Le capitaine Petit-Papa ne tarit pas sur ses prouesses de marin et me raconte un épisode d'un de ses voyages à Approuage, lorsqu'il était sur le *Zéphyr* :

« Nous avions, me dit-il, le R. P. Guyodo à bord. La goélette avait mouillé pendant la nuit à l'entrée de la rivière, pour attendre la marée montante. Au point du jour on lève l'ancre et on hisse les voiles ; arrivés à la misaine, nous sentons un poids lourd qui nous empêche de la soulever : nous regardons de plus près... C'était, devinez qui ?... le R. P. Guyodo, qui, enveloppé dans ses plis, l'avait choisie pour lit de repos, et dormait tranquillement. »

Mais on n'a pas toujours les plis de la misaine pour passer si commodément la nuit. On s'arrange comme on peut dans ces voyages sur goélettes, trop heureux quand on trouve un abri contre la pluie et la fraîcheur des nuits.

Notre traversée est des plus heureuses, grâce à une bonne brise du N.-E. et au courant qui règne sans cesse sur les côtes des Guyanes dans la direction du S.-E. au N.-O. Nous arrivons, le lendemain 24 au matin, à l'embouchure de la Mana.

Disons en passant que le courant qui règne sur les côtes des Guyanes n'est pas autre chose que ce que les marins appellent *Gulf-Stream*, et qui, prenant sa source à l'embouchure des Amazones, se divise en deux branches, l'une allant vers le sud, et l'autre vers le nord. Celle-ci, longeant les côtes des Guyanes, pénètre dans le golfe du Mexique, en fait le tour, franchit le détroit de Bahama, monte vers le nord en suivant toujours la côte et arrive près de Terre-Neuve, où elle se heurte aux courants d'eau froide venant du nord, prend sa direction vers l'est, et vient se perdre sur les côtes de l'Irlande, de l'Angleterre et de la France. C'est un véritable fleuve d'eau tiède, et sa vitesse est d'environ trois nœuds ou trois milles à l'heure, au moins sur les côtes de la Guyane française.

Nous mouillons pour attendre le flot. Ici les marées jouent un grand rôle dans la navigation des fleuves et des rivières : on le comprend facilement, lorsqu'on sait que les rivières ont peu de profondeur et fourmillent de bancs de vase et que le flux se fait sentir, comme dans le Maroni, jusqu'à 80 et 90 kilomètres dans l'intérieur.

On peut donc considérer les rivières de la Guyane comme de vraies *routes qui marchent*. C'est ainsi, en effet, que les Indiens les appellent. Elles montent et descendent alternativement, et ce courant, produit par le flux et le reflux de six en six heures, et qui donne dans les grandes marées une vitesse de six à huit nœuds, est, comme le vent, la pagaie du bon Dieu. Les noirs et les Indiens en profitent largement; ni les uns ni les autres n'aiment à aller contre vent et marée.

Pour une goélette, d'ailleurs, force est de les attendre. Vent et marée nous arrivent vers midi; nous levons l'ancre, et après nous être échoués deux fois sur des bancs de vase, nous arrivons au Warf de Mana, à six heures du soir. Nous avions fait près de 200 milles en trente-deux heures; car la distance par terre de Cayenne à Mana est de 196 kilomètres. Sur l'appontement j'aperçois nos chers confrères, les PP. Krænner et Buisson, que j'ai le bonheur d'embrasser quelques instants après.

La rivière de Mana, qui donne son nom au village, coule du sud au nord, sur une étendue de près de 250 kilomètres. Sept ou huit placers, quelques-uns considérables, sont établis dans le haut de la rivière. Le village, sur la rive gauche, à 4 ou 6 kilomètres de l'embouchure, est construit sur un banc de sable qui n'est que la continuation de celui qui longe toute la côte de Cayenne au Maroni. C'est, après Cayenne, par sa population et son commerce, le point le plus important de la Guyane française, et c'est une humble religieuse, la révérende mère Javouhey, fondatrice de la congrégation des Sœurs de Saint-Joseph de Cluny, qui l'a créé.

En 1828, cette femme intrépide, dont Chateaubriand avait dit : « Mme Javouhey est un grand homme, » vint, avec trente-six sœurs et trente-neuf cultivateurs engagés pour trois années et quelques enfants, s'établir sur les bords de la Mana, à l'endroit même où se trouve aujourd'hui le bourg. En 1835, les colons européens l'ayant presque tous quittée, à l'expiration de leur engagement, elle demanda et obtint du gouvernement que les noirs de traite, libérés en vertu de la loi du 4 mars 1831, seraient successivement envoyés sur les bords de la Mana. Cinq cent cinquante noirs, enlevés aux négriers capturés sur la côte, furent ainsi préparés, par le travail et une éducation chrétienne, à la liberté dont ils devaient jouir plus tard.

La population s'est accrue, et les gens de Mana, qui sont en ce moment au nombre de huit cents, sont fiers de n'avoir jamais été esclaves, et ont conservé un profond souvenir de vénération et de reconnaissance à la *chère mère,* comme ils appellent encore la révérende mère Javouhey. Les sœurs de Saint-Joseph, en souvenir de leur vénérée fondatrice, y ont conservé un établissement important. Ce sont elles qui, jusqu'à ces derniers temps, ont instruit et élevé les enfants des deux sexes ; et elles continuent à faire valoir une belle propriété avec une sucrerie, la seule qu'il y ait en ce moment à la Guyane.

La communauté comprend dix religieuses, dont quelques-unes encore ont connu la *chère mère* et ont travaillé sous sa direction. Ce n'est pas sans émotion que j'ai vu dans la salle de communauté, où on les conserve comme de précieuses reliques, son fauteuil en bois, son prie-Dieu et plusieurs autres objets qui ont été à son usage pendant qu'elle était à Mana.

Mana est un bourg considérable à larges rues sablonneuses, possédant une vaste église bien ornée, une horloge à son clocher, une grande mairie et quelques belles maisons. Sa population en ce moment est excessivement mêlée ; quoiqu'il n'y ait à peu près de blanc que le sable de ses rues et quelques rares Européens, elle est bien la réunion de toutes les couleurs et de toutes les races. Il y a ici, à côté des noirs de toute nuance de Mana, des coolies, des Chinois, des Annamites, des Peaux-Rouges ou Indiens d'Amérique, des Tapouyes ou métis portugais, des Boschs, des Bonis, des Paramaca et Saramaca, des Arabes. On y parle au moins dix langues différentes. Ce n'est pas ce mélange qui contribue précisément à élever le niveau moral de cette population.

Ce qui fait affluer ainsi dans cette localité ce monde bigarré *ex omni natione,* ce sont les placers établis dans le haut de la rivière. Les nègres Boschs et Bonis sont là près de cent cinquante, occupés presque exclusivement au transport des vivres, du personnel et des instruments destinés aux placers. Ai-je besoin d'ajouter que ce fut la partie de la population qui m'intéressait le plus, puisque c'était pour eux que j'entreprenais mon voyage ?

Pendant mon séjour à Mana, je profitai des loisirs que me laissaient les retraites aux sœurs, aux enfants de Marie, aux garçons, pour aller visiter l'établissement des lépreux, placé sur la rive droite de l'Accarouany, affluent de la Mana, à 15 kilomètres du bourg.

Cet établissement, admirablement situé sur un vaste plateau qui domine la petite rivière, est encore une des œuvres de la révérende mère Javouhey. Air pur et frais, eaux limpides, terres fertiles, gibier abondant, il n'y manque qu'une chose : ce sont les malades. Il y en a en ce moment une douzaine, lorsque Cayenne et les autres points de la colonie en possèdent des centaines. Partout on trouve des lépreux, excepté à l'Accarouany ; et c'est ainsi que l'entretien de chaque malade de cette léproserie coûte au moins 3 000 francs à la colonie, et que ce mal terrible envahit de plus en plus la population guyanaise.

Quatre sœurs de Saint-Joseph de Cluny se consacrent aux soins de ces pauvres malades, avec un zèle et une abnégation qu'on ne peut rencontrer que chez celles qui ont tout quitté pour suivre Celui qui se plaisait à guérir les lépreux.

Depuis qu'elles sont là, plusieurs d'entre elles ont contracté le terrible mal et sont mortes lépreuses.

En ce moment l'une de ces héroïques religieuses, appartenant à une bonne famille, florissante autrefois de jeunesse, de force et de santé, est rongée par le hideux mal. Résignée, je dirais presque heureuse, la chère sœur Agnès supporte avec une admirable patience les tortures de cette affreuse maladie. Ses sœurs la soignent avec une affectueuse tendresse et lui prodiguent à l'envi toutes les attentions de la plus maternelle et de la plus délicate affection. Obligées, à cause de la contagion de la lèpre, de lui donner un appartement à part, c'est auprès d'elle qu'elles vont passer la récréation et se reposer de leurs fatigues du jour.

Un inspecteur de la marine, et pourquoi ne le nommerais-je pas? M. Le Pustoch, visitant en 1886 la léproserie de l'Accarouany, a été émerveillé de la patience et de la résignation de l'héroïque malade. Aussi depuis lors il s'est établi, entre l'inspecteur et la pauvre religieuse lépreuse de l'Accarouany, une correspondance épistolaire suivie, que je désire être et qui sera sûrement une bénédiction pour la famille du noble commissaire de marine.

L'établissement possède un directeur, qui est ordinairement un médecin auxiliaire, et un sous-directeur. Le directeur, qui habite habituellement à Mana, n'a certainement pas une heure de travail par semaine avec ses malades, qu'il ne voit à peu près jamais. Pour ces fatigues exceptionnelles, il reçoit de la colonie 5000 francs d'appointements fixes, plus 2000 francs que lui alloue la commune de Mana. Il est en outre logé aux frais de la colonie.

Le sous-directeur a 3000 francs, et s'occupe de la partie matérielle de la léproserie. Soigner les lépreux n'est évidemment pas son affaire.

Qui donc s'en occupe? Qui va panser leurs plaies hideuses, laver les misérables linges dont ils se servent pour les envelopper, remuer leur répugnante couche? Oh! c'est sœur Marie, celle que les lépreux appellent leur mère. Elle est bien, en effet, pour eux une mère; elle en a toutes les sollicitudes, toutes les tendresses. Et, un de ces jours, elle aussi sera atteinte de la terrible maladie; elle en porte presque déjà les marques. C'est pour cela que pendant un temps elle a été appelée à Mana et éloignée de ce foyer, où les animaux eux-mêmes sont atteints de la lèpre. Mais elle a demandé à ses supérieures de retourner auprès de ses chers *cocobés*, — c'est ainsi qu'on désigne les lépreux dans le créole du pays; — elle a supplié avec tant d'instances, qu'il a fallu les lui rendre. Qu'importe si elle devient lépreuse! C'est le moindre de ses soucis. Et je ne serais pas étonné qu'elle demandât cette grâce au bon Dieu.

Or savez-vous quelles sont les modifications que l'on veut opérer à l'Accarouany? C'est le traitement de l'aumônier qu'on supprime; ce sont les sœurs que l'on veut retirer.

C'est de la laïcisation à l'instar de la ville de Paris, avec des circonstances encore plus aggravantes et plus odieuses.

L'aumônier de la léproserie, qui réside à Mana, continue son office de charité. Il va toutes les semaines porter à ces pauvres délaissés de la terre les consolations de son saint ministère.

Saint-Laurent du Maroni. Pirogue d'Indiens Galibis.

Il est le seul avec les sœurs qui, par ses visites aux malades, par l'espérance qu'il leur donne d'une vie meilleure, et la certitude que leurs souffrances acceptées avec résignation leur vaudront un bonheur qui ne finira pas, allège, adoucisse leurs horribles souffrances.

Avant de quitter Mana, le R. P. Krænner, pour inaugurer ma mission, m'offrit de conférer la grâce du saint baptême à cinq noirs de Paramaca, jeunes gens et enfants. Ce furent les prémices de mon apostolat au milieu de ces peuplades assises encore à l'ombre de la mort.

V

DÉPART DE MANA. — LE MARONI. — LE PÉNITENCIER DE SAINT-LAURENT. — LA TRANSPORTATION. — CE QU'ELLE EST. — CAUSES D'INSUCCÈS. — CÔTÉ MORAL. — CÔTÉ MATÉRIEL. — CONCLUSION. — QUARANTAINE

Après avoir dit adieu à nos chers confrères, je quittai Mana le 19 février. J'avais passé dans cette petite communauté de bonnes et douces journées; et, me rappelant les paroles de Louis Veuillot lorsqu'il quittait les Jésuites de Mélan, je ne pus m'empêcher de les appliquer à nos Pères : « O Jésuites, étant ce que vous êtes, que n'avez-vous un meilleur cuisinier! » Mais c'est là un détail, et il fallait bien faire l'apprentissage du voyage. La cuisine de Valentin (c'est le nom du cuisinier des pères de Mana) devait me préparer à celle de Joseph.

Joseph, avec lequel il faut que vous fassiez immédiatement connaissance, était l'homme de confiance que le P. Krænner avait choisi pour m'accompagner. A la communauté, on l'appelle Joseph Fauto ou simplement Joseph. A Mana, ainsi que chez les nègres Boschs et Bonis, il s'appelle Saint-Pé, *mouché* Saint-Pé. Bon chrétien, brave homme, propriétaire de Cormoran, chasseur à Mana, cuisinier comme Valentin, il connaît un peu la langue des

Boschs et des Bonis, et a été avec Apatou, dont j'aurai à parler plus tard, le compagnon du docteur Crevaux dans son voyage du Maroni aux Amazones. Avec lui j'emmène un petit Indien portugais, nommé Thomas; il sait lire et écrire; ce sera mon servant de messe. C'est un petit orphelin que les sœurs de Mana ont élevé.

Le canot sur lequel je m'embarque, et qui doit me conduire chez Apatou, au pied du premier saut, est un bateau tapouye, monté par des Indiens portugais du village du capitaine Bastien, que nous visiterons en passant. Partis à huit heures du matin, nous descendons la rivière de Mana; vers midi, nous arrivons aux Hattes, et vers quatre heures du soir nous sommes en face de Saint-Laurent.

Le Maroni, qui prend sa source dans les montagnes du Tumuc-Humac, est le plus grand fleuve de la Guyane. Il est navigable pour les bâtiments jusqu'au saut Hermina (95 kilomètres au-dessus de l'embouchure), et la marée se fait sentir jusque-là.

Ce n'est pas sans émotion qu'après avoir doublé la Pointe française, qui sépare les deux embouchures, je contemple ce fleuve superbe, qui n'a pas moins de 7 kilomètres de largeur à l'endroit où il se jette dans la mer, après un parcours de 550 kilomètres, et que je me propose de remonter jusqu'à sa source.

Nous avions profité du perdant pour descendre la Mana; la marée est basse quand nous arrivons à l'embouchure du Maroni. Grâce au montant et à une forte brise du N.-E., nous franchissons en moins de quatre heures la distance qui nous sépare de Saint-Laurent (25 kilomètres).

Saint-Laurent est l'établissement pénitentiaire le plus important de la Guyane. Fondé en 1858, sous la sage et intelligente direction de M. Mélinon, à 250 kilomètres de Cayenne, cet établissement avait donné les plus belles espérances. C'est là qu'on voulait établir en grand, après les essais infructueux de la Comté, de Saint-Georges de l'Oyapock, de la montagne d'Argent, la colonisation pénitentiaire par la culture; et c'est là que fut inauguré le système des concessionnaires, qui devait être, en effet, le seul moyen de coloniser, s'il avait été possible de coloniser à la Guyane avec des éléments purement européens.

Ce système consistait à accorder à tout transporté en cours de peine se conduisant bien, et à tout transporté ayant terminé sa peine, une maison, une certaine superficie de terrain, des instruments de culture et des vivres pendant trois ans, avec autorisation de se marier. Dans ce but, on avait dirigé sur la Guyane plusieurs convois de femmes condamnées, choisies dans les maisons centrales de la métropole. Hélas! les résultats n'ont pas répondu aux espérances qu'on avait conçues.

Voilà vingt-sept ans que j'ai assisté aux deux premiers mariages qui ont eu lieu à Saint-Laurent, et à la bénédiction des premières concessions. Depuis lors il y a eu des centaines de mariages, on a agrandi les concessions. Que reste-il maintenant de toutes ces unions? Quelques dizaines d'êtres chétifs et malingres. Les naissances ont atteint un chiffre considérable, que l'on évalue à près de douze cents; mais la plupart de ces enfants sont morts avant l'âge de quinze ans, et leurs parents ont disparu les uns après les autres; leurs maisons sont des ruines, et leurs champs de culture des savanes.

A Saint-Laurent, à Saint-Pierre, à Saint-Louis, à Saint-Jean, localités occupées autrefois par les concessionnaires, il n'y a plus rien que du sable et des débris de cases, au milieu d'une végétation qui reprend son empire.

A quoi faut-il attribuer ce nouvel échec de la colonisation à la Guyane, venant s'ajouter à tous ceux qui l'ont précédé? Les causes en sont multiples. La première et la plus importante réside dans la manière défectueuse, pour ne pas dire davantage, avec laquelle sont dirigés les pénitenciers.

— Avant de coloniser, il faut moraliser; c'est ce qu'avait bien compris M. Mélinon, sous la direction duquel l'établissement de Saint-Laurent prospérait et donnait les plus belles espérances pour l'avenir. Il était convaincu que le meilleur moyen de donner le bien-être aux transportés, c'était de travailler de tout son pouvoir à leur relèvement moral, et que l'instrument le plus puissant pour arriver à ce résultat était la religion : les relever aux yeux de Dieu d'abord, afin de les relever à leurs propres yeux, comme aux yeux des hommes. Pour la société, il y a des fautes qui ne s'effacent pas et qu'elle ne pardonne jamais. La religion, au contraire, a le tribunal du pardon pour toutes les fautes et tous les crimes, et un coupable repentant peut reprendre dans la vie chrétienne la place d'honneur qu'il occupait avant son crime. C'est la belle doctrine de la réhabilitation et la mise en pratique de cette consolante maxime : A tout péché miséricorde.

Mais nous ne sommes plus à l'époque où le vice-amiral Baudin, gouverneur de la Guyane, écrivait au directeur du service pénitentiaire : « Je verrais avec plaisir messieurs les commandants des pénitenciers donner l'exemple de l'assiduité aux instructions religieuses, et je fais à chacun, en ce qui le concerne, une obligation impérieuse de favoriser le développement des principes religieux parmi les transportés. C'est un des moyens les plus efficaces de moralisation. »

Ce n'est pas cela qui a lieu en ce moment; l'influence des aumôniers est nulle.

La direction pénitentiaire, hostile aux idées religieuses, n'a cessé de travailler à les amoindrir et à les annuler. Toute liberté est donnée aux transportés, non pas d'accomplir leurs devoirs religieux, mais de n'en accomplir aucun. On favorise tous les cultes, si ce n'est la religion catholique.

Aussi, il y a quelque temps, un de ces directeurs proposait au gouvernement d'abattre la misérable église de Saint-Laurent, qui depuis longtemps menace ruine, et de construire à Saint-Maurice une mosquée pour les mahométans.

Dans les hôpitaux, on a obligé les sœurs de Saint-Paul de Chartres, admirables de zèle et de dévouement, à faire disparaître des salles tout emblème religieux. On a été jusqu'à défendre l'entrée à l'hôpital de journaux catholiques. On a diminué le nombre des sœurs hospitalières, et il a été sérieusement question de les remplacer près des malades par des femmes prises dans les maisons centrales, sous la direction de quelques laïques.

Avec un pareil système, il est facile de comprendre ce que deviennent ces hommes, dont quelques-uns sont véritablement tarés, il est vrai, et qui n'auront jamais la force de se relever, mais dont beaucoup pourraient encore remonter et arriver à une vie honnête.

Les excès et non le travail, qui est loin d'être exagéré, les abrutissent et les tuent. C'est le bagne avec toutes ses laideurs et ses hideuses corruptions qui se continue et se perpétue. Les ignominies et les puanteurs de la chiourme au milieu des splendeurs et des luxuriantes beautés de la végétation tropicale : c'est une amère dérision et un douloureux contraste ! On conçoit facilement que, dans cet état de choses, la présence de l'aumônier soit une gêne et un embarras.

Dans le principe, les aumôniers communiquaient librement avec les condamnés, devenaient leurs confidents naturels, et se trouvaient ainsi mieux à portée de les encourager et de les porter vers le bien, de les étudier, de les connaître, de les apprécier et de constater les efforts qu'ils faisaient pour se réhabiliter. Et à cause de cela ils étaient membres de droit de la commission des grâces, où leur avis et leurs recommandations avaient un grand poids. Depuis longtemps il n'en est plus ainsi. L'aumônier ne peut plus être en communication avec eux. Dans ses visites auprès des condamnés, des malades, il est accompagné d'un garde-chiourme, chargé d'épier ses démarches et de recueillir ses paroles, et il a été exclu de la commission des grâces. Sous l'hypocrite prétexte de la liberté de conscience, il lui est interdit de parler aux Arabes mahométans, et si parfois il lui arrive de baptiser à son lit de mort un de ces pauvres infidèles, dont Dieu, dans son infinie miséricorde, a ouvert les yeux à la Vérité, demandant, dans la plénitude de son intelligence et de sa volonté, à mourir en chrétien, voilà tout le pénitencier en émoi. Ce sont des enquêtes qui succèdent aux enquêtes. On recueille les dépositions des marabouts forçats, dont le témoignage n'est pas admis en justice à cause de la condamnation qu'ils ont subie; et, sur les dépositions des gardes-chiourmes et des bagnards, un commandant quelconque inflige un blâme public à un aumônier et le menace de toutes les foudres du directeur et du gouverneur.

Voilà où l'on en est dans les pénitenciers en l'an de grâce 1886, au point de vue moral et religieux.

Le côté matériel est-il du moins plus satisfaisant, puisque en ce moment la vie matérielle prime tout?

Le village de Saint-Laurent, destiné à devenir plus tard le centre de la colonie agricole pénitentiaire du Maroni, est composé de cent trente maisons, habitées par des ménages de transportés libérés. Il compte à peine en ce moment trois cents habitants, et ne présente plus que de larges et longues rues régulières, assez bien entretenues, mais bordées de maisons désertes pour la plupart et tombant en ruines. La seule branche qui y prospère, c'est le commerce des boissons. Il s'y consomme une énorme quantité de tafia, relativement au nombre d'habitants. Ces excès dans la boisson sont communs parmi les hommes et les femmes, et engendrent tous les autres désordres.

Pendant un court séjour à Saint-Laurent, j'ai été appelé un jour près du lit d'un libéré qui était ivre mort, et qui n'a pas tardé d'expirer dans cet état; et une autre fois, en allant au cimetière avec un de mes confrères visiter les tombes de nos chers défunts, nous avons trouvé étendu dans un fossé, le long de la route, un autre de ces malheureux qui venait de mourir dans le même état.

Les ouvriers et les artisans n'ont pas ou presque pas de travail, et la plaine, autour de Saint-Laurent, assez vaste et assez étendue pour permettre l'agrandissement du village en cas de besoin, n'est plus qu'une savane aride sur laquelle se trouvaient autrefois les premières concessions.

Si de Saint-Laurent on veut rayonner aux alentours, on pourra tout d'abord visiter Saint-Louis, absolument abandonné, et où se trouvent en ce moment quelques Chinois et Annamites, qui cultivent un ou deux maigres champs de riz; puis Saint-Maurice, où sont établis quelques Arabes mariés à des Européennes, et où il y a quelques plantations de cannes à sucre qui servent à alimenter une usine dans d'assez mauvaises conditions; sur la route de Saint-Laurent à Saint-Maurice, quelques rares et maigres concessions, qui sont sans cesse dévalisées par les maraudeurs; et plus loin Saint-Pierre et Saint-Jean[1], dont il ne reste plus que des vestiges.

Au bout d'un certain temps, les concessionnaires découragés, minés par la fièvre, regrettent la ration du camp, s'arrangent de façon à être réintégrés sur le pénitencier ou viennent mourir à l'hôpital.

Et maintenant, si de Saint-Laurent nous étendons nos regards sur la transportation à la Guyane, nous constaterons

---

[1] C'est à Saint-Pierre et à Saint-Jean qu'ont été placés les deux premiers convois des récidivistes envoyés à la Guyane. Si j'en crois des correspondances particulières, leur situation est des plus précaires et la mortalité considérable parmi eux. Les femmes sont sur le pénitencier de Saint-Laurent.

partout les mêmes résultats négatifs, la même stérilité. Elle existe depuis trente-cinq ans, et près de 20 000 forçats y ont été envoyés successivement depuis 1851 jusqu'à ce jour. La France a dépensé plus de *cent millions* dans cette entreprise : les hommes sont morts, les millions absorbés, et la Guyane n'a pas avancé d'un pas dans la colonisation.

Pour être tout à fait dans la vérité, à ces causes d'insuccès que nous venons d'indiquer, il faut ajouter la nature du climat et la constitution du sol.

On sait que le climat des Guyanes, et surtout celui de la Guyane française, est loin de convenir à l'Européen.

Une température moyenne de 28 à 30 degrés à l'ombre, et cela tous les jours de l'année, est nécessairement débilitante. Des sueurs trop abondantes, une soif ardente, un dégoût prononcé pour les aliments, provoquent bien vite l'anémie. Si l'on ajoute à cela les insomnies occasionnées par cette température élevée et l'air miasmatique que l'on respire presque continuellement au milieu de cette contrée envahie par les eaux, on comprendra facilement combien il est difficile à des Européens de supporter un pareil climat. Si le blanc d'Europe, à l'ombre et avec un excellent régime, a de la peine à conserver ses forces, celui qui est obligé de remuer la terre sous un soleil de 45° ne supportera pas longtemps une pareille température, et succombera bien vite, empoisonné par les miasmes paludéens ou atteint d'une fièvre maligne qu'aura provoquée cette chaleur torride. Une longue expérience prouve aux plus optimistes que la culture de la terre en plein soleil, dans les pays intertropicaux, est impossible à l'Européen quel qu'il soit.

D'un autre côté, les terres de la Guyane sont moins riches qu'elles le paraissent tout d'abord. La couche d'humus, dans les terres moyennes et les terres hautes, est relativement mince. Ces forêts splendides, remplies de superbes végétaux, se nourrissent de leurs débris et se préservent par leur épais feuillage des ardeurs du soleil. Au pied des arbres de la grande forêt il y a une ombre continuelle, une humidité constante et une couche de feuilles mortes qui leur servent d'engrais. Si vous abattez cette forêt, brûlez ces arbres, les deux ou trois premières récoltes seront bonnes, grâce à la couche d'humus de l'ancienne forêt. Malheureusement cette couche, relativement mince, sera vite épuisée, exposée qu'elle est à la chaleur du soleil et lavée par les pluies torrentielles de l'hivernage. Après deux ou trois récoltes, il ne restera que du sable ou une couche profonde d'argile absolument improductive. C'est ce qui est arrivé à Saint-Laurent et aux alentours.

Les terres basses, au contraire, sont vraiment fécondes et ne s'épuisent pas; mais leur culture est impossible avec des bras européens. Les noirs, avec les Chinois et les Annamites, sont seuls capables de supporter les travaux en terre basse. Les Arabes eux-mêmes ne résistent pas aux fatigues et aux miasmes qu'occasionne le défrichement de ces terres. Il n'y a, à notre avis, que le travail à l'ombre et ne demandant pas de défrichement qui soit possible avec l'élément européen, c'est-à-dire la culture du caféier, du cacaoyer, du vanillier et des arbres à épices, giroflier et cannellier; puis l'élève du bétail et l'exploitation des bois précieux, qui sont en grande quantité dans nos forêts.

Quelles conclusions tirer de ce que nous venons de dire?

La première, c'est que le système de colonisation pénitentiaire employé jusqu'à ce jour à la Guyane est essentiellement défectueux. On ne colonise pas avec des règlements d'administration et avec une armée d'employés et des gardes-chiourmes.

La seconde, c'est que la culture de la terre en plein soleil dans les pays intertropicaux, et surtout à la Guyane, est impossible pour l'Européen.

La troisième, c'est que les coquins, dans notre beau pays de France, ne gagnent pas leur vie, et que ce sont les honnêtes gens, les contribuables, qui sont obligés de les nourrir, de les loger et même de les blanchir. Car chaque transporté à la Guyane coûte à la France au moins cinq francs par jour. Ils ne sont pas trois mille, et la dépense s'est élevée en bien des années à trois millions.

Un ordre religieux, les trappistes par exemple, ou une autre congrégation, aurait pu mener à bonne fin une entreprise de cette importance. Les religieux seuls pouvaient travailler sérieusement à l'amélioration morale de ceux que la loi pénale humaine a atteints, et avec infiniment moins de dépenses auraient obtenu des résultats bien différents. Mais, hélas! ce n'est pas au moment où l'on expulse les congrégations que l'on aura recours à eux pour une œuvre pareille.

En arrivant au Warf, le fonctionnaire nous annonce que la quarantaine imposée aux provenances de Cayenne et de Mana n'étant pas encore entièrement levée, je devais me diriger sur le lazaret pour me désinfecter, ainsi que mes effets. J'eus beau dire au surveillant militaire, qui arrivait sur ces entrefaites, que je venais de Mana, où j'avais passé près d'un mois, et que là il n'y avait pas eu un seul cas de fièvre jaune; j'ai même pu ajouter que l'embarcation qui m'amenait avait quitté Saint-Laurent deux jours auparavant. Rien n'y fit; on fut inexorable.

Impatienté et mécontent, je dis au surveillant que ce n'était pas moi qui avais besoin d'être désinfecté, mais bien les gens de Saint-Laurent, et que je tenais à sa disposition un litre d'acide phénique. C'est qu'en effet il y avait eu à Saint-Laurent, depuis plus d'un mois, plusieurs cas de fièvre jaune. Force me fut donc de me diriger sur le lazaret. Je n'eus pas trop à le regretter, parce que je trouvai là un de mes anciens jeunes gens de Cayenne, qui fut heureux de mon arrivée et mit à ma disposition et sa personne et le lazaret, dont il était le directeur.

Ce lazaret, construit à la hâte sur un petit îlot à vingt ou vingt-cinq minutes de Saint-Laurent, est situé au bord du fleuve; les paillottes dont il est composé seront sûrement envahies par les eaux dès qu'il y aura une petite crue.

Le lendemain je partis de bonne heure pour Saint-Laurent, et je passai la journée du dimanche avec nos chers confrères, les pères Friederich et Buisson. Ce dernier était arrivé de Mana pour remplacer le père Jalabert, envoyé lui-même à Mana pour le mettre à l'abri de la fièvre jaune.

Je pensais trouver, en arrivant, la caisse d'objets que le gouverneur m'avait fait obtenir, puisqu'on m'avait écrit à Mana qu'elle me serait expédiée à Saint-Laurent; mais rien n'était encore arrivé. Malgré ce contretemps, je résolus de partir le lendemain et de monter jusqu'au saut Hermina pour former mon équipage, sauf à envoyer dans quelques jours Joseph avec une embarcation chercher la caisse que j'attendais.

VI

CHEZ BAR ET CHEZ BASTIEN. — SPARWIN. — LE FIDÈLE APATOU. — MA CAISSE. — PLACÉRIENS. — PÊCHE A LA DYNAMITE. — LETTRE DU GRAND-MAN DES BOSCHS

21 *février*. — A huit heures du matin, nous nous mettons en route et quittons le lazaret, où j'avais laissé mes bagages. La brise est forte, et à dix heures nous arrivons à l'îlot Portal, chez MM. Bar, qui ont là une belle habitation, où ils cultivent le rocou et le café.

Leurs travailleurs (des coolies) ont bonne mine, et de nombreux enfants. J'avais déjà visité cette habitation il y a deux ans, et je connaissais depuis longtemps les MM. Bar, qui ne sont pas seulement de vaillants cultivateurs, mais aussi d'habiles naturalistes. Ils possèdent une collection de lépidoptères qui n'a pas sa pareille, même dans les grands musées. Malgré les instances de ces messieurs pour nous retenir, nous ne passâmes là que quelques instants.

A trois heures nous arrivons au village portugais qui se trouve dans l'île Bastien, nom d'un chef connu depuis longtemps dans toute la Guyane. En montant, Quirine, le patron du canot, m'avait dit, en parlant de leur village : « Quand maite poteau qu'a manqué, case-là qu'a tombé : Quand le maître poteau manque, la case tombe. » C'est malheureusement trop vrai. Depuis la mort du capitaine Bastien, le village menace ruine. Nicaise, qui a succédé à son beau-père dans la charge de capitaine, n'a pas grande influence; et il y a là des éléments de dissolution.

C'est grand dommage, car c'était le seul village chrétien qui fût dans le Maroni; il y avait là cinq ou six familles, où tous étaient baptisés, et où un certain nombre communiait. Touchante coutume! ils chantent en commun leur prière du soir dans la petite chapelle qu'ils ont élevée au milieu de leur village; puis, avant de se retirer, ils passent devant le capitaine, ainsi que devant le missionnaire quand il vient les visiter, et s'inclinent pour recevoir la bénédiction de l'un et de l'autre.

Le lendemain 21, après une première nuit de hamac, je célébrai la sainte messe pour le repos de l'âme du capitaine Bastien, mort en mars de l'année précédente, et après la sainte messe j'allai bénir sa tombe.

22 février. — Nous partons à huit heures, et quelques heures après nous arrivons à Sparwin. En débarquant, j'apprends qu'Apatou est ici depuis plusieurs jours avec sa marraine, Mme Rey, qui est dans le deuil à cause de la mort récente de son mari. C'est pour moi une heureuse rencontre, car c'est sur lui que je compte pour me procurer des hommes et des pirogues pour mon voyage; et je sais qu'il a presque promis à nos pères de Saint-Laurent de m'accompagner.

Quoique n'ayant jamais vu Apatou, je le connaissais de longue date; j'avais lu tous les voyages du docteur Crevaux, où il est parlé si souvent du *fidèle Apatou;* et je désirais vivement l'avoir pour compagnon de voyage. Apatou, en effet, avait accompagné le docteur Crevaux dans son premier voyage d'exploration dans le haut Maroni, l'Yari et les Amazones; puis, plus tard, dans ses voyages à l'Orénoque et dans la Magdeleina. Et quelqu'un disait avec raison

que, si l'intrépide voyageur avait eu, dans son voyage du Rio de la Plata, son fidèle Apatou avec lui, il n'aurait peut-être pas été massacré avec son escorte par les Indiens de l'intérieur.

Dans son récit de voyage du Maroni aux Amazones, le docteur Crevaux écrit ces lignes : « Apatou s'est montré si habile et si courageux, que je voudrais lui attacher une médaille d'honneur sur la poitrine. »

Cette médaille, elle lui a été décernée le 2 juin 1881. Le diplôme qui l'accompagnait est conçu en ces termes : « Le ministre secrétaire d'État au département de l'Intérieur décerne une médaille d'honneur en or de première classe à Apatou, de la tribu des Bonis (Guyane), qui, choisi par M. le docteur Crevaux pour l'accompagner durant ses trois missions dans l'Amérique équatoriale, a fait preuve du plus rare dévouement dans maintes circonstances critiques, et a plusieurs fois sauvé la vie aux membres de l'expédition. » En 1880, ayant accompagné M. Crevaux en France, la réunion des délégués des sociétés savantes et des sociétés des Beaux-Arts l'admettait à leurs séances.

Vers deux heures de l'après-midi il nous arrive, et j'aperçois sa pirogue de l'autre côté de la rivière; il nous apporte du gibier. C'est une belle biche, étendue dans la pirogue, et que ses chiens avaient jetée à l'eau, où il l'a tuée à coups de sabre. Apatou est un noir d'environ trente-cinq ans, fort, de taille au-dessus de la moyenne. Bonne figure, intelligente et ouverte, nous avons bien vite fait connaissance. Il est entendu qu'il vient avec moi et qu'il va s'occuper de me chercher un équipage; il m'engage à rester à Sparwin plutôt que de monter chez lui. Mme Rey se joint à lui pour m'engager aussi avec instance à ne remonter chez Apatou, qui est à quatre heures de là, que lorsque je serai prêt à partir. Elle a une maison vaste et commode, où elle veut que je sois comme chez moi; tandis que, chez

Apatou, je n'aurai qu'une case bien étroite. Je cède à leurs instances, et, après avoir fait débarquer mes bagages, je paye et renvoie mes Tapouyes.

24 février. — Sparwin est une station du Maroni, à 70 kilomètres de son embouchure, composée de la maison de Mme veuve Rey et de quelques cases.

Ce petit village tire son nom de la crique à l'embouchure de laquelle il est situé. Cette crique, très longue (plus de 100 kilomètres), a été fréquentée à une époque peu éloignée par les chercheurs d'or. On y exploite encore quelques placers en ce moment, mais ils ne donnent guère de bénéfices à leurs propriétaires.

Au milieu du fleuve, en face du village, se trouve un charmant petit îlot. Du reste, le Maroni apparaissait ici dans toute sa splendeur et dans toute sa majesté. Ses levers et ses couchers de soleil sont particulièrement beaux ; je ne me lassais pas, appuyé sur la balustrade de la galerie, d'admirer ce fleuve magnifique, me rappelant, sous plus d'un rapport, notre incomparable lac de Genève.

25 février. — Ce matin, nous est arrivé une goélette de Cayenne, *Fleur-de-la-mer,* avec trente-cinq placériens pour le haut Maroni et un chargement de vivres. Ils s'installent où ils peuvent et un peu partout, dans les hangars à peine couverts, dans la galerie de la maison que j'habite. C'est là que les pirogues des Bonis et des Bochs viendront les chercher pour les conduire aux placers. Sparwin, ordinairement si calme, est plein de vie, plein d'animation et de bruit : je retrouve là quelques-uns de nos jeunes gens de Cayenne. Ce ne sont pas toujours les plus raisonnables ; leur voyage est payé, ils sont nourris, et on leur a donné avant de partir une avance de cent cinquante francs. Ils peuvent s'amuser, et ils s'amusent. Mais il n'en est pas moins vrai que les mines d'or gâtent notre population guyanaise. La plupart des jeunes gens vont travailler sur les placers ;

puis, de retour à Cayenne, ils dépensent dans toutes sortes d'excès l'argent qu'ils rapportent, ou bien ils en reviennent épuisés et malades.

27 février. — Je profite aujourd'hui d'une occasion pour envoyer Joseph à Saint-Laurent chercher la caisse d'objets

Apatou.

que nous attendons de Cayenne, et faire encore l'achat de certaines provisions qui nous manquent : du riz, de la morue, une caisse de biscuits, et l'indispensable tafia pour les hommes qui m'accompagnent.

Un malheureux accident survient pendant la journée : c'est un jeune homme de dix-huit à vingt ans qui en est victime. Voulant avoir un peu de poisson frais pour faire la *pimentade,* il va au bord du fleuve avec une cartouche de dynamite; mais il ne la jette pas aussitôt après qu'il en a allumé la mèche. Elle éclate au moment où il allait la lancer, lui emporte la main jusqu'au poignet, le blesse gravement à la tête, au cou et sur les épaules. C'était horrible à voir. Je procède au premier pansement avec du camphre et de la charpie, et il est immédiatement expédié à l'hôpital Saint-Laurent.

Cette pêche avec des cartouches de dynamite, outre qu'elle est dangereuse, me paraît cruelle. Lorsqu'elles éclatent dans l'eau, il se produit une sourde détonation et une commotion telle, que les poissons sont tués ou au moins étourdis à cinquante et jusqu'à cent mètres du point où elles ont été jetées. Les poissons ainsi atteints viennent à la surface de l'eau, et on en recueille quelquefois jusqu'à vingt et vingt-cinq kilogrammes.

28 *février*. — Aujourd'hui nous avons eu la sainte messe. La galerie de la maison de Mme Rey a été convertie en chapelle. Tout le monde a voulu y travailler un peu, et les mineurs, sans en excepter un seul, se sont fait un devoir d'assister au saint sacrifice.

La divine Victime, offerte sur un petit autel portatif, dans une chapelle de feuillage en plein air, semble plus grande et plus miséricordieuse; et c'est pour le missionnaire la meilleure des consolations dans ses courses apostoliques.

29 *février*. — Nous allons à la chasse. Apatou, avec ses chiens qui l'accompagnent partout, se fait mettre à terre de l'autre côté de la crique; et nous, avec la pirogue, nous allons lentement le long de la rive, pour le cas où le gibier serait lancé à l'eau. Nous revenons, quelques heures après, avec un pac que les chiens ont mis dans son trou; c'est là qu'Apatou l'a bien vite assommé. Nous rapportons en outre une belle tortue.

Les tortues de terre sont très communes sur les bords du Maroni. Un bon chien de chasse, lorsqu'il en découvre une, la renverse sur le dos et aboie d'une certaine manière. On sait que le chélonien, renversé sur le dos, a bien de la peine à se retourner; il ne le peut que s'il ne trouve pas un point d'appui.

2 mars. — Joseph est arrivé avec la caisse d'objets que nous envoie l'administration sur l'ordre de M. le gouverneur; il m'apporte en même temps les provisions que j'ai demandées à Saint-Laurent. La caisse est accompagnée d'une lettre d'envoi de la direction de l'intérieur, dont l'adresse est : « R. P. Brunetti, *Vicaire apostolique* au Maroni. » C'est que, à Cayenne, l'administration nous donne le titre de vicaire; et, comme j'étais en mission apostolique, on n'a rien trouvé de mieux que d'y ajouter le titre d'*apostolique*. Mais c'est là un détail; l'essentiel pour moi, c'est d'avoir, grâce à M. Le Cardinal, la caisse renfermant toutes sortes d'objets, que je pourrai offrir en cadeaux à nos Boschs et à nos Bonis. Nous allons donc pouvoir continuer notre voyage, et nous nous mettons aussitôt à faire nos derniers préparatifs. Apatou veut que je m'annonce aux Gran-Mans des Boschs et des Bonis par une lettre.

Sur ses instances réitérées, je rédige les missives que voici :

« Moi, missionnaire apostolique français, je veux visiter la noble tribu des Yucas (des Bonis) et leur illustre chef, pour leur porter la bonne nouvelle et des présents de la part du gouverneur de la Guyane française.

« Nous voulons vous faire connaître le *Gadou* (le bon Dieu), instruire vos enfants et leur apprendre à entendre le papier et à le faire parler (lire et écrire).

« J'attendrai ta réponse chez les Polygoudous, qui te porteront cette lettre, et des pirogues pour venir me chercher; je veux causer avec toi comme un ami avec un ami. »

J'en fais deux copies.

Elles ont pour suscriptions, l'une :

« *A Osséissé, Gran-Man des Boschs ou Yucas, à Dri-Tabiki (Trois-Ilets), Tapanaoni;*

et l'autre :

« *A Anatho, Gran-Man des Bonis, à Cotica, Awa.* »

Je les confie à une pirogue qui monte à Cotica. Apatou est satisfait; il est sûr que ce *pampila* (papier) produira des effets merveilleux : je ne partage pas entièrement sa manière de voir; mais il connaît son monde mieux que moi.

3 *mars*. — Nous continuons nos préparatifs de départ.

Une pirogue de Cotica, qui voyagera avec nous, est partie hier en emportant une partie de nos bagages.

Une autre grande pirogue est là à notre disposition. C'est notre dernière journée à Sparwin, où nous avons passé dix jours.

Après déjeuner, la marraine d'Apatou veut qu'il fasse sa prière; Apatou l'a un peu oubliée. Elle lui dit de se mettre à genoux et d'y rester jusqu'à ce qu'il l'ait faite. Notre bon Apatou obéit avec une docilité d'enfant, et ne se relève que lorsque, tant bien que mal, il est arrivé à former son signe de croix suivi de sa petite prière.

Notre cher monde de Sparwin trouve que nous sommes bien pressés et voudrait nous retenir encore. On s'habitue si vite à vivre ensemble, lorsqu'on se rencontre dans les solitudes du Maroni! Le séjour de Sparwin est d'ailleurs plein de petits agréments, et en ce moment surtout il est très animé.

Le fleuve Maroni.

VII

LE JAGUAR. — SOCIÉTÉ FORESTIÈRE. — LE VILLAGE SAINT-BERNARD. — PRIÈRE ET CATÉCHISME. — SINGE ROUGE OU HURLEUR. — MESSE DU DIMANCHE. — PRÉPARATIFS DE DÉPART

4 mars. — Nous avons quitté Sparwin à quatre heures du matin, pour profiter de la marée, qui se fait sentir jusque chez Apatou, sur une grande pirogue ayant près de 10 mètres de longueur, 1 mètre 20 de largeur et 70 à 80 centimètres de profondeur. Sur notre route, nous mettons les chiens à terre, et en moins d'une demi-heure ils sont à la poursuite d'un tigre, qu'ils finissent par tuer ; c'est le deuxième que nous rencontrons depuis notre séjour à Sparwin.

Le jaguar et le chat-tigre sont très répandus dans les forêts de la Guyane. Souvent ils viennent jusque dans les maisons et dévastent les basses-cours et les pigeonniers.

Voici un fait à l'appui de ce que j'avance, et qui prouvera comme quoi un repas composé uniquement de pigeons peut avoir des conséquences funestes et confirmer les gens dans la croyance à l'existence du loup-garou.

En 1855, quelque temps après mon arrivée à la Guyane, je fus appelé un matin au parloir par une personne qui vit encore ; elle venait me prier de dire une messe. Avant de recevoir l'honoraire, je lui demandai à quelle intention je devais la célébrer.

« Depuis quelque temps, me dit-elle, notre maison est habitée par un loup-garou, que l'on entend presque tous les soirs monter et descendre l'escalier et faire un vacarme infernal dans le grenier (les combles). Je voudrais bien être débarrassée de cet hôte importun, et je vous prie de célébrer la messe à cette intention. » — Il faut savoir qu'on appelle de ce nom, à la Guyane, un homme qui a le pouvoir diabolique de prendre non seulement la forme d'un loup, mais d'un animal quelconque : tigre, chien, chat, et, sous cette forme, de courir la nuit dans le but d'effrayer les gens et de nuire à ceux qu'il n'aime pas. Je répondis en riant à mon interlocutrice que, ne croyant pas à ces choses et les considérant comme absurdes, il me serait bien difficile de me conformer strictement à ses intentions, mais que par ailleurs je prierais pour elle et sa famille.

Quinze jours ou trois semaines après, la même personne me fait appeler de nouveau, et aussitôt que j'arrive au parloir, elle me dit toute triomphante :

« Mon Père, le loup-garou est tué.

— Ce sont des histoires que vous me contez là, lui répondis-je; il n'y a pas de loup-garou.

— Il est mort, et bien mort, reprit-elle, et si vous ne voulez pas me croire, vous pouvez vous en assurer par vos propres yeux. Il est là-bas près de la Géole, étendu au milieu de la rue. Venez, venez! »

Non convaincu encore, mais fort intrigué, je voulus en avoir le cœur net et m'assurer par moi-même de la vérité du fait.

Ayant pris à la hâte mon chapeau et mon manteau, je la suivis, et nous arrivions bientôt au lieu indiqué. Là je pus contempler de mes yeux un magnifique jaguar, long d'au

Départ de Sparwin.

moins un mètre, la tête perforée de bas en haut par une balle.

Voici ce qui était arrivé. Comme on le pense bien, ce terrible mais magnifique félin, à la peau d'un jaune pâle, zébrée de taches noires, aux canines formidables, à la puissante musculature, était bien un vrai jaguar et non pas un homme sous la forme d'un fauve. Très friand de volailles, comme tous ceux de sa race, mais surtout de pigeons et de ramiers, à qui il fait une chasse acharnée, il s'était aventuré à venir depuis quelque temps marauder jusque dans Cayenne. Réfugié pendant le jour à Montabo, mamelon boisé à deux ou trois kilomètres de la ville, il arrivait à la tombée de la nuit le long de l'anse, se glissait en tapinois à travers les jardins, grimpant comme un chat sur les arbres et les clôtures, jusqu'à la maison, où il pénétrait; puis, par l'escalier extérieur, arrivait jusqu'au grenier, transformé depuis longtemps en pigeonnier.

La veille du jour où il fut tué, il avait rencontré sur sa route, en traversant la propriété d'un magistrat, un jardinier européen sur la figure duquel il avait laissé la marque de ses cinq longues griffes. Que se passa-t-il pendant cette dernière nuit de maraudage? Ne put-il trouver sa proie ordinaire, et fut-il obligé d'attendre jusqu'au matin pour prendre son repas? ou bien, se laissant aller à sa voracité gloutonne, avait-il mangé une trop grande quantité de pigeons, dont la digestion était devenue pénible? Toujours est-il que, surpris par le jour et n'osant sortir de la maison pour regagner son gîte habituel, il vint se blottir sous le toit d'un appentis qui se trouvait le long de la cour. C'est là que, vers huit heures du matin, une personne de la maison l'aperçut replié sur lui-même, les paupières à demi fermées, la pupille contractée en forme d'I sous l'influence de la lumière trop vive du jour, les moustaches hérissées, le mufle plissé.

Saisie de frayeur, elle courut au poste de soldats qui gardent la Géole. L'un d'eux vint aussitôt, armé de son fusil, pénétra dans la cour, et, le visant à quelques mètres de distance, lui logea une balle dans la tête qui le tua sur le coup.

Et voilà comment en ce temps-là le bruit se répandit dans toute la Guyane qu'un terrible loup-garou avait subi le châtiment de ses crimes dans une des maisons de la ville de Cayenne. Mais, ce que l'on ne put constater, ce fut la disparition simultanée d'un de ces hommes qui avaient la réputation de posséder le terrible privilège de prendre à volonté la forme d'un animal. C'était pourtant un des deux éléments essentiels à la démonstration de ce fait.

Nous nous arrêtons un instant à la Société forestière, magnifique établissement fondé, il y a quelques années, par une compagnie française pour l'exploitation des bois et la culture sur les bords du Maroni. Mais elle est en ce moment en liquidation et sur le point d'être cédée à l'administration, en vue des récidivistes que la métropole se dispose à envoyer à la Guyane. C'est, en effet, au Maroni que l'on compte les établir tout d'abord.

Hélas! il en sera des récidivistes comme des forçats. Beaucoup d'argent sera dépensé pour n'arriver à aucun résultat. Encore une fois, on ne colonise pas avec des règlements, une armée d'employés et de surveillants. Quel travail obtiendra-t-on de ces vagabonds de la pire espèce? Et, s'il y en a quelques-uns qui veuillent travailler, le travail en plein soleil est-il possible aux Européens?

Nous arrivons chez Apatou à neuf heures. Le village, qui porte le nom de Saint-Bernard, est situé au bord de la rivière, sur la rive droite et à quelque distance du premier saut, appelé Hermina, à 80 kilomètres de l'embouchure du fleuve.

Au nord-est, la crique Sacoura; au sud et en face de

Village de Saint-Bernard, habité par Apatou.

l'habitation, le Maroni avec ses îlots et son premier rapide ; à l'est, le grand bois, et à l'ouest, le placer Sacoura avec sa chaîne de collines.

Le village est composé d'une quinzaine de cases qu'habitent les membres de la famille d'Apatou : sa mère, ses deux frères Yaou et Couachi, ses deux sœurs Affini et Adiouba, des neveux et des nièces, et une famille Yucas.

Apatou veut que je prenne possession de sa case, qui, pour être un peu plus grande et plus confortable que les autres, n'est pas une merveille. A partir de ce jour, nous n'aurons plus de lit, pas même un boucan; c'est le hamac qui seul est en usage. Mon hamac sera suspendu dans l'unique pièce que possède la case, et Apatou mettra le sien dans la petite galerie qui est devant. Cette pièce est un vrai capharnaüm, où sont réunis pêle-mêle des malles, de la vaisselle, des armes, des pagaras pleins de linge, tout cela dans un beau désordre qui est loin d'être un effet de l'art.

Nous visitons le village, puis les abatis. Apatou me conduit tout d'abord chez sa mère, une excellente personne, déjà d'un certain âge, mais active et vigoureuse encore. Il ne lui manque qu'un peu d'instruction pour être une bonne et généreuse chrétienne. Apatou a un grand respect et une grande affection pour elle; dans le village, rien ne se fait sans qu'elle soit consultée. Elle est baptisée et sait quelques prières. Y compris Apatou, il y a dans le village dix personnes qui sont baptisées; c'est un village chrétien, où il n'y a plus ni idoles ni fétiches. Ce qui leur manque, c'est l'instruction, et ils n'ont personne pour les instruire.

Dans les abatis, comme pour les cases du village, c'est un pêle-mêle sans ordre et sans symétrie : le manioc, le riz, les cannes à sucre, les patates et les ignames; les arbres fruitiers, les malengas et les couscous, le maïs et les pistaches, les pommes lianes et les barbadines, les bananiers et les cocotiers, tout cela pousse pêle-mêle dans une riche terre végétale. C'est de la culture, mais sans aucun arrangement, ni idée préconçue.

5 mars. — Hier soir, tout le monde était réuni pour la prière. Chacun arrive à l'heure convenue avec sa petite banquette, dont quelques-unes, formées d'une seule pièce, sont artistement travaillées.

On s'assied un peu partout : les hommes tout près de moi, sous la galerie, les femmes plus loin, en dehors de la galerie. Je parle en créole, et Apatou traduit mes paroles dans leur langue, qui n'est autre chose qu'un patois hollandais, assez doux et harmonieux, par la raison qu'il a laissé de côté, à peu près toutes les gutturales et presque tous les *r* de la langue anglo-germanique.

Apatou développe largement, et non sans une certaine éloquence, les enseignements que je leur donne. Le plus religieux silence règne dans la petite assemblée, qui semble bien saisir la parole de Dieu et la goûter. Notre réunion se termine par le *Pater*, l'*Ave*, le *Credo* et deux dizaines du chapelet, que nous récitons à genoux. En sortant, Apatou est tout rayonnant et il me dit : « Père, pendant le voyage, nous ferons tous les jours la prière et l'instruction, n'est-ce pas? car je veux apprendre. » Mon cher interprète n'a qu'un seul regret, c'est de ne pas savoir lire et écrire.

Pendant la journée, nous avons été faire, avec Acodi et Couacou, deux jeunes gens de Cotica, un tour dans la forêt, où nous avons tué un singe rouge ou singe hurleur. Ce n'est sûrement pas le gibier le plus commode à tuer. Toujours au sommet des grands arbres, c'est-à-dire à quarante ou cinquante mètres de hauteur, il reçoit sans broncher plusieurs charges de plomb; ce n'est qu'au cinquième coup que le nôtre a été atteint mortellement : il a eu encore la force de monter dans l'arbre le plus élevé, de se réfugier à l'insertion de deux branches; et là, embrassant celle qui avait une position presque horizontale, il finit par mourir.

Case d'Adiouba dans le village d'Apatou.

Nos jeunes gens furent obligés de grimper bien haut pour l'atteindre au moyen d'une longue perche. Il tomba à terre comme une masse; son poids était de vingt-cinq à trente livres. Sa chair a beaucoup de rapport avec la viande de bœuf, et sa peau préparée est très recherchée.

Le singe rouge, que les Indiens appellent ouata, est très commun dans les Guyanes et sur les bords du Maroni. Marchant par troupes nombreuses, il n'est presque pas de nuit où l'on ne soit éveillé par leurs hurlements ou plutôt par leurs beuglements, car leurs cris ont un certain rapport avec ceux d'un bœuf qu'on égorge. Quelquefois c'est comme le bruit lointain d'un orage. Ils se font entendre surtout le matin, comme les parocois, les marailles et les hocos, oiseaux appartenant tous à la famille des gallinacés.

Le singe hurleur a ceci de particulier qu'il peut produire et faire entendre en même temps des sons graves et des sons aigus. Cela est dû à la conformation de son appareil vocal. Chez lui, l'air, sortant des poumons par la trachée, peut suivre en même temps deux directions différentes : ou sortir directement par la glotte, ou passer par une énorme poche creusée dans l'os hyoïde et qui forme un véritable résonnateur. L'air qui sort directement produit des sons aigus, tandis que celui qui passe par la caisse de l'os hyoïde donne les sons graves et sonores.

Apatou descend à la Société forestière pour y régler quelques petites affaires avant son départ.

Pendant la journée nous avons eu de forts grains; le thermomètre marque 30° et 31° à l'ombre; il descend à 22° pendant la nuit.

6 *mars*. — Notre course de la matinée dans les bois nous procure un perroquet et une tortue.

Dans l'après-midi, nous préparons la chapelle avec des feuilles de maripa et des tentures pour demain dimanche. C'est simple, mais ces préparatifs donnent au village un air de fête inaccoutumé : nous faisons la prière à la chapelle.

7 mars. — C'est aujourd'hui dimanche ; la sainte messe est célébrée à sept heures et demie ; tout le monde y assiste en habit de fête. C'est passablement bigarré ; une partie de notre équipage est là.

Ces dames Bonis et Boschs ne mettent pas autant de temps pour s'habiller que nos dames civilisées, pas même autant que des religieuses : il en est qui ont besoin, m'a-t-on dit, de trente-deux épingles. Les femmes Bonis n'en mettent pas une seule ; les femmes indiennes en ont une, qu'elles portent à la lèvre inférieure, la pointe en dehors et la tête à l'intérieur traversant la lèvre. C'est pour tirer leurs chiques. Quand elles sont mariées, elles en ont deux : une pour elles et l'autre pour leur mari, car c'est madame qui est chargée de tirer les chiques de monsieur. Les Bonis et les Boschs tirent les leurs avec un petit morceau de bois pointu, et par conséquent ne se servent pas d'épingles. Leur costume est d'ailleurs si léger, qu'elles n'ont guère de place pour mettre leurs épingles, à moins qu'elles ne les fixent dans la peau, comme Soulouque, lorsqu'il voulait placer sur la poitrine de ses vaillants capitaines quelque décoration honorifique.

Le saint sacrifice est offert au milieu d'un grand recueillement. Apatou et les hommes de notre équipage se mettent autour de l'autel, et ce sera leur place pendant tout le voyage, chaque fois que je dirai la sainte messe. Après la cérémonie, et pour compléter la fête, je distribue quelques présents : du tabac, de la poudre pour les hommes, avec des calimbés ; aux femmes des colliers, des camisas, des épingles, etc. Le soir, réunion à la chapelle, comme les jours précédents, et chacun se retire après la prière du soir faite en commun. En résumé, c'est une bonne et consolante journée. Que Dieu en soit béni !

8 mars, anniversaire de ma naissance. — C'est le jour fixé pour notre départ. Nous sommes sur pied à quatre heures du matin. Le coup de sept heures devait nous trouver prêts ; mais nous n'avons pu partir qu'à neuf heures. Grosse affaire que les préparatifs pour un si long voyage !

Ici on ne se presse jamais, comme j'aurai lieu de l'expérimenter pendant tout le voyage.

Il faut préparer le pagara, qui est pour eux la malle de voyage, et y mettre la pipe, le tabac, des calimbés et des pagnes, une petite lampe, des colliers et des anneaux en cuivre, puis certains remèdes, des couïs et des cuillers, quelques assiettes, etc. etc.

Nos pirogues sont enfin chargées. Le pavillon français a été placé à l'arrière de celle que je dois monter, et qui est plus petite et plus légère que les autres. Elle a trois hommes pour équipage : Apatou, Amanpa et Ochi. Amanpa, homme d'expérience et déjà âgé, en est le patron. C'est un nègre de Saramaca, mari de la sœur aînée et préférée d'Apatou, qui lui cède, par déférence, la conduite de l'embarcation, pour se placer à l'avant avec Ochi, un excellent jeune homme, plein d'entrain et de bonne volonté.

La seconde pirogue a pour patron Wellem, un grand Bosch expérimenté ; Acodo et Couacou de Saramaca, puis notre maître coq Joseph, et le petit Indien portugais Thomas, mon enfant de chœur, composent son équipage.

La troisième est montée par Acodi, le fils du Gran-Man Anatho, un autre Couacou de Saramaca et Couachi ou Josepi, avec sa sœur.

A l'exception de Amanpa et de Wellem, ce monde est jeune et vigoureux, gai et alerte.

Tout le village est au dégrad pour notre départ : hommes, femmes, enfants. Maman Apatou est triste. On fait les derniers adieux : ce ne sont pas des embrassades, ni des poignées de main comme en France, mais des demi-embrassades, consistant à se passer chacun un bras au-dessus des épaules. Puis ce sont des *tambouillés* et des *vaca-bouillés* (adieu et bon voyage) de part et d'autre, et ne finissant que lorsque les pirogues ne sont plus à la portée de la voix ou ont disparu à la vue de ceux qui sont sur la rive. C'est une clameur confuse qui se continue longtemps.

VIII

NOTRE ÉQUIPAGE. — MOYEN MARONI. — SAUTS ET RAPIDES. —
PARAMACA. — PLACER DU SERRE. —
L'OR A LA GUYANE. — PIQURE DE CHAUVE-SOURIS

9 mars. — Nous avons franchi hier les deux premiers rapides du Maroni : nous voilà dans le fleuve moyen, car il me semble qu'on peut diviser ce magnifique cours d'eau en trois parties bien distinctes : le bas du fleuve, comprenant les terres basses et la région des palétuviers, et ayant une longueur de 80 à 90 kilomètres ; la région moyenne, commençant à la crique Sparwin et se continuant jusqu'au confluent du Tapanaoni et de l'Awa, et ayant une longueur de 150 kilomètres ; et enfin la région supérieure, comprenant le cours des deux rivières jusqu'à leurs sources. Le cours de l'Awa a une longueur d'au moins 250 kilomètres.

L'aspect varie pour chacune de ces parties. Les eaux du bas fleuve sont jaunes ; le fond, en général, est vaseux, et la marée s'y fait sentir jusqu'au saut Hermina. Les îles de cette partie du fleuve sont longues et se confondent souvent avec les rives, qui sont basses et monotones. Il n'en est pas ainsi de la partie moyenne ; à partir du premier rapide, les eaux deviennent claires et limpides : le fond est rocailleux et parfois semblable à un pavé; les îles sont plus petites et plus nombreuses, se détachant mieux des deux rives, et à chaque rapide, deux chaînes de collines, courant en général de l'est à l'ouest, viennent jusqu'au fleuve et semblent vouloir le rétrécir afin de se rapprocher davantage. Le saut, qui n'est autre chose qu'un amas de roches barrant le fleuve dans toute sa longueur, est le lien qui les unit ensemble.

Le système orographique des Guyanes diffère notablement de ceux de la plupart des autres contrées. La chaîne des monts Tumuc-Humac, qui forme au nord le bassin des Amazones et sépare les Guyanes du Brésil, n'a presque pas, au septentrion, de contreforts entre lesquels coulent généralement les rivières.

Le versant nord, qui comprend les Guyanes et le Vénézuéla, descend par degrés vers la mer. Ces aspérités, d'autant plus élevées qu'elles se rapprochent davantage de la chaîne principale, courent toutes de l'est à l'ouest et sont parallèles aux monts Tumuc-Humac. Les fleuves et les rivières de cette contrée, au lieu de couler entre deux contreforts, sont donc obligés de se frayer une route à travers ces obstacles qui leur barrent le passage : ces routes, ce sont les nombreux rapides qu'on rencontre lorsqu'on veut remonter à leurs sources.

La partie moyenne du fleuve, dans laquelle nous sommes entrés hier, est beaucoup plus belle et beaucoup plus pittoresque que celle que nous venons de quitter. Ce n'est plus un estuaire, mais un magnifique cours d'eau; tantôt il se glisse le long des rives, caressant les nombreuses îles dont il est parsemé, et dont quelques-unes sont, au milieu du fleuve, comme de splendides corbeilles de verdure dont les bords sont garnis d'une guirlande de fleurs; tantôt il se précipite en écumant et

Le moyen Maroni à Paramaca.

en grondant comme un orage, à travers les roches qui ont essayé de l'entraver dans sa course.

Nous nous sommes arrêtés sur plusieurs de ces îles, qui sont habitées. Quelques cases (Haussou), un banc de sable, des roches plates, un bouquet de verdure, des lianes en fleurs, des pirogues dans une petite anse, tel est l'aspect de la plupart d'entre elles. Peu ou point de culture; les abatis sont sur la rive droite ou sur la rive gauche.

10 *mars*. — L'Ilet Abouca, tel est le nom que porte le lieu que nous avons choisi pour y passer la nuit. C'est un petit village tout neuf. Son chef, le capitaine Acouman, encore jeune, est un excellent homme, fort désireux d'être baptisé. Il nous reçoit avec bonheur; il n'a pas grand'chose à nous donner, mais le cœur y est tout entier. Séparé par un canal, tout à côté se trouve petit *Tabiki*, petite île aussi charmante, aussi fraîche que celle où nous avons abordé hier à trois heures et demie, après six heures de canotage. Couami, frère d'Apatou, nous offre son carbet, qui n'est pas encore achevé : nous y suspendons nos hamacs.

Couami, que nous avons vu à Saint-Bernard, a là une seconde femme. Je m'en suis aperçu et lui en fais de vifs reproches. Ce cas n'est malheureusement pas trop rare parmi nos Boschs et nos Bonis; mais ces femmes n'habitent jamais le même village, ni le même endroit. Le mari leur partage son temps et son travail, donne à chacune une case et un abatis.

Les noirs du Maroni voyagent et se déplacent avec la plus grande facilité; leurs femmes ne paraissent pas trouver cela mauvais et semblent s'en accommoder parfaitement. On prépare notre repas du soir : nos jeunes gens, Couacou et Ochi, vont chercher du bois, et Joseph s'occupe à faire bouillir le *canari*. Du riz, de la morue et un peu de petit salé, tel est le menu; mais l'appétit et une franche gaieté l'assaisonnent, et notre équipage tout entier fait honneur à la cuisine de *mouché Saint-Pé*.

Après le repas, qu'ont partagé avec nous Couami et le capitaine Abouca, je laisse nos jeunes gens se livrer à leurs joyeux ébats, et vais un peu à l'écart sur le bord du fleuve pour m'entretenir seul avec le bon Dieu. Oh! il est facile, à ce moment de la journée, de le voir, de lui parler, je dirais presque de le sentir et de le toucher. Tout ce qui vous entoure « est plein de sa magnificence ». Les ombres qui s'abaissent sur le fleuve, le mugissement lointain des rapides, les bruits harmonieux de la forêt sont autant de voix divines dont les ineffables vibrations se communiquent à votre âme. A huit heures les feux s'éteignent, le silence se fait et chacun gagne son hamac.

11 *mars*. — Ce matin, pendant que mon monde a été à la chasse, je vais, monté sur une petite pirogue et avec un seul voyageur, chez MM. Du Serre, créoles de Cayenne; ils ont un établissement en face du petit Tabiki, sur la rive droite du fleuve. Je suis reçu très cordialement par les deux frères, qui exploitent depuis bien des années les terrains aurifères des environs.

Après une excellente nuit passée non dans un hamac, mais sur un bon lit, je fus éveillé par un son de trompe sourd et prolongé qui retentit sur le bord du fleuve. A ce signal le placer s'éveilla. Les travailleurs noirs, coolies, chinois, sortant de leurs cases respectives, se réunirent devant la porte du magasin. C'était l'heure du *boujaron*, c'est-à-dire de la distribution quotidienne d'une solide ration de tafia destinée à *décoller le mabouya*, ce qui est synonyme de « tuer le ver », et à chasser les miasmes engendrés par les brouillards de la nuit. La plupart d'entre eux, noirs ou coolies, absor-

Au bas des sauts.

bèrent la ration aussitôt après l'avoir reçue et sur place. Le Chinois seul, *Master John Chinaman,* comme disent les Anglais, d'une sobriété incomparable, conservait la précieuse ration dans le couï qu'il tenait de ses doigts crochus pour la vendre au plus offrant et dernier enchérisseur. Puis, ayant reçu leurs vivres de la journée : 750 grammes de farine de manioc ou de riz, 250 grammes de bacaliau, morue desséchée, et 30 grammes de saindoux, ils se rendirent bientôt, divisés par escouades, et sous la direction de leurs contremaîtres, sur les points plus ou moins éloignés de l'établissement où se faisait l'exploitation aurifère.

Ces messieurs voulurent me faire visiter un de ces « champs d'or », comme on les appelle, et j'acceptai de bon cœur leur proposition. Après une demi-heure environ de marche, nous arrivions à une vaste clairière, au milieu de laquelle coule un ruisseau ou crique, large de quelques mètres, dont les eaux laiteuses charrient lentement des molécules d'argile détrempée. Des deux côtés, des monticules et une petite colline sur le revers desquels gisent des arbres renversés, des feuillages flétris, des lianes rompues. Partout de hautes herbes (orchidées et broméliacées) récemment sabrées et de gros chicots courtauds et trapus, taillandés par la hache ou calcinés par le feu.

Le lit de la rivière a disparu. La terre, fouillée par la pioche et mamelonnée d'éminences formées d'argile ou de gros gravier quartzeux, est ravinée de tranchées profondes. Rien de triste et de désolé comme la vue de ce « champ d'or », à travers et au milieu des splendeurs de la nature; c'est comme une lèpre rongeant un organisme, un cancer au sein de la majestueuse forêt. N'est-ce pas une image sensible de ce que produit dans l'humanité l'*auri sacra fames?*

Au milieu de cet indescriptible chaos, une demi-douzaine de travailleurs noirs ou coolies, vêtus de calimbés seulement, fouillent la terre et pataugent dans la boue. Le ruisseau est barré en amont et est à sec. Toute l'eau arrêtée par le bâtardeau passe dans le *sluice* et lave le gravier aurifère.

Le sluice est l'instrument servant à laver l'or. Il se compose d'une série de boîtes en planches, de trois à quatre mètres de longueur, qu'on appelle dalles, semblables à des cercueils sans couvercles et ouverts aux deux bouts. Ces dalles, hautes d'environ quarante centimètres, s'emboîtent à la suite l'une de l'autre, et forment un canal légèrement incliné. Le sluice que nous avions devant les yeux était de moyenne grandeur, ayant à peine une douzaine de mètres de longueur et occupait quatre personnes seulement : deux piocheurs, un autre armé d'une pelle au moyen de laquelle il jetait la terre aurifère dans la dalle, et un quatrième chargé de retirer de la dalle les gros fragments rocheux s'opposant au passage des graviers.

Nous étant approché du champ d'or et mêlé aux travailleurs, M. du Serre me fit observer la disposition intérieure de cet instrument merveilleux, quoique bien simple. Le gravier métallifère, qui n'est autre chose que du quartz désagrégé, et qui se trouve sous une couche d'humus plus ou moins épaisse, tombe dans la dalle, où l'eau le désagrège. Le fond intérieur de la dalle est recouvert d'une plaque de tôle percée de trous en crible et éloignée d'un centimètre du fond en bois. Cette tôle est supportée à l'avant sur deux pivots et à l'arrière par une traverse de bois.

On sait que l'or s'amalgame au mercure par simple contact. D'heure en heure, on jette un peu de mercure dans les dalles, il coule doucement sous la plaque et s'arrête à la traverse, où le courant de l'eau le tient sans cesse en mouvement. Tous les corps, même le fer, flottent sur le mercure, glissent sur lui et sont entraînés par le courant d'eau, pendant que l'or, absorbé au passage, s'amalgame instantanément.

Chaque dalle est munie d'une plaque, la dernière en possède une plus perfectionnée et agencée d'une manière particulière. Elle se termine en effet par une série de rainures en fonte pleines de mercure, et elle porte le nom particulier de caisse.

Ayant demandé au propriétaire du placer si le terrain était riche, il voulut immédiatement en faire l'expérience devant moi, au moyen de la battée. Cet instrument, indispensable aux chercheurs d'or, et au moyen duquel on peut avec une grande exactitude faire l'analyse quantitative et qualificative d'un terrain, est un petit plat rond en bois dur, épais d'un ou de deux centimètres, de 45 à 50 centimètres de diamètre, creusé en forme de cône très évasé et profond au centre de 8 à 10 centimètres. L'ayant fait remplir de terre aurifère par un ouvrier (10 kilogrammes environ), il la prit entre ses mains, enleva un à un les fragments rocheux, se pencha sur le bord d'une flaque d'eau qui se trouvait à proximité de lui, puis immergea jusqu'aux bords sa battée, à laquelle il imprima un mouvement circulaire assez semblable à ceux d'un crible. Grâce à ce mouvement giratoire, la battée est bientôt vide, et il ne reste plus au fond qu'un petit amas noirâtre. L'ayant remplie alors d'eau pure qu'il fait écouler au moyen d'un balancement rapide, un coup sec appliqué avec la paume de la main termine cette manœuvre, pour laquelle il faut une grande habileté. C'est alors qu'apparaît sur la paroi interne du vase quelques milligrammes de poudre d'or, dont la vue ne parut pas satisfaire le propriétaire, et qui indiquait que la journée ne donnerait que quelques grammes; pour que le travail soit rémunérateur, il faut que la battée donne au moins quelques centigrammes.

En revenant du champ d'or, peu enthousiasmé de ce que j'avais vu, il me vint à la pensée qu'il y aurait peut-être mieux à demander à cette riche terre. Sa culture, quoique moins rémunératrice, me semble bien plus noble et bien plus digne de l'homme. Que de fatigues, me disais-je encore, pour acquérir un peu d'or, et que d'insouciance pour sauver son âme !

Et à cette occasion, permettez-moi de faire un court historique de l'exploitation de l'or à la Guyane.

Depuis la découverte du nouveau monde, une fièvre ardente, la fièvre de l'or, s'était emparée de l'Europe entière, aux récits merveilleux des premiers navigateurs.

Les trésors du Mexique, du Pérou surtout, firent bientôt supposer qu'il pouvait et devait s'en trouver de plus riches encore dans les profondeurs de ce continent mystérieux que le génie de Christophe Colomb venait de découvrir. Un des lieutenants de François Pizarre, qui avait été assassiné à Cuzzco, en 1541, Orellana, franchit la Cordillère des Andes, descendit le Marañon ou Amazone jusqu'à son embouchure, et, revenant sur ses pas, remonta la côte vers le nord et visita l'immense contrée qui porte en ce moment le nom de Guyane jusqu'à l'Orénoque.

Quel avait été le premier mobile de ce long et périlleux voyage d'Orellana? S'en allait-il à la recherche des trésors des Incas, qu'on disait avoir été enlevés par le plus jeune frère Atabalèpa et transportés de l'autre côté des montagnes et sur les rives des Amazones? Ou bien, s'en rapportant aux obscures légendes des Indiens, croyait-il que dans ces massifs de montagnes où prennent leur source la plupart des fleuves de l'Amérique du sud, le Rio de la Plata, les Amazones, au sud et à l'est l'Oyapock, le Maroni, l'Orénoque au nord, se trouvait le paradis de l'or? Il serait difficile de le dire.

Toujours est-il qu'à cette époque, c'est-à-dire vers le milieu du XVIe siècle, il n'était question dans tout le vieux monde que de l'El-Dorado, un pays où l'or était aussi commun que chez nous le fer et le cuivre. Aussi une foule d'aventuriers, venus de tous les points du globe, parmi lesquels il faut citer Walter Raleigh, le favori d'Elisabeth, et l'Espagnol Martinez, s'abattirent-ils comme des oiseaux de proie sur cette partie du nouveau monde, dans l'espoir d'y trouver le paradis de l'or. Mais la zone équatoriale est immense. Elle comprend le bassin des Amazones, les Guyanes, la Colombie, l'Équateur. Dans laquelle de ces contrées se trouvait le fameux lac Parimé, sur le bord duquel était située la ville de Manoa, dont le roi s'appelait El-Dorado, le Doré. Était-ce dans la grande chaîne des Andes, ou dans les montagnes du Tumuc-Humac, l'un de ses contreforts? aux sources de l'Orénoque, ou du Maroni et de l'Oyapock?

Quoi qu'il en soit, Raleigh n'hésita pas à affirmer à sa gracieuse souveraine, qui n'était d'habitude rien moins que gracieuse, la réalité de ces légendes. Et l'Espagnol Martinez déclara avoir passé près d'une année dans la fameuse ville de Manoa, dont il donne la description.

« La ville, dit-il, est immense, la population innombrable. La rue des Orfèvres ne compte pas moins de trois mille ouvriers. Le palais de l'empereur, construit en marbre blanc orné d'or, se dresse dans une île verdoyante et se réfléchit dans un lac aux eaux plus transparentes que le cristal. Trois montagnes l'environnent, l'une en or massif, la seconde en argent, la troisième en sel. Il est supporté sur des colonnes d'albâtre et de porphyre et entouré de galeries d'ébène et de cèdre aux innombrables incrustations d'or et de pierreries. Deux tours en gardent l'entrée. Elles sont appuyées chacune sur une colonne de vingt-cinq pieds et surmontées d'immenses lunes d'argent. Deux lions vivants sont attachés aux fûts par des chaînes d'or; au milieu, se trouve une grande cour carrée, ornée de fontaines aux vasques d'argent et dans lesquelles l'eau s'écoule par quatre tuyaux d'or.

« Le maître s'appelle El-Dorado, mot à mot, le Doré, à cause de la splendeur de son costume. Son corps nu est chaque matin frotté d'une gomme précieuse, puis enduit d'or jusqu'à ce qu'il présente l'aspect d'une statue d'or, etc., etc. »

En guise de vêtement et à la place du tatouage, les Indiens Peaux-Rouges de certaines tribus se frottent avec une pâte tinctoriale rouge préparée avec les graines du rocouyer. Quelques-uns, pour compléter cette ornementation, se couvrent de paillettes de mica, très commun dans ces contrées, dont l'éclat a le miroitement de l'or et de l'argent. Ne serait-ce pas là ce qui a donné origine à la fable de l'El-Dorado?

Ce qui est certain, c'est que la fiction du lac Parimé et de la ville de Manoa attira dans les Guyanes nombre de voyageurs. A partir de la fin du xvie siècle, plusieurs expéditions se formèrent en France, connues sous le nom de Société de Rouen (1604, 1626, 1633), de Société du Cap nord et de la France équinoxiale (1643 et 1652) et de Compagnie des Indes orientales (1664). La plupart de ces expéditions, comme on peut le lire dans la notice historique de l'annuaire de la Guyane, comme celle qu'organisa dans la suite le gouvernement, y compris la désastreuse expédition de Kourou en 1763, échouèrent. En 1775, plus d'un siècle et demi après la prise de possession de la Guyane par les Français, notre colonie ne comptait que 1,300 personnes libres et 8,000 esclaves.

Mais revenons à la question de l'or, dont il ne fut plus

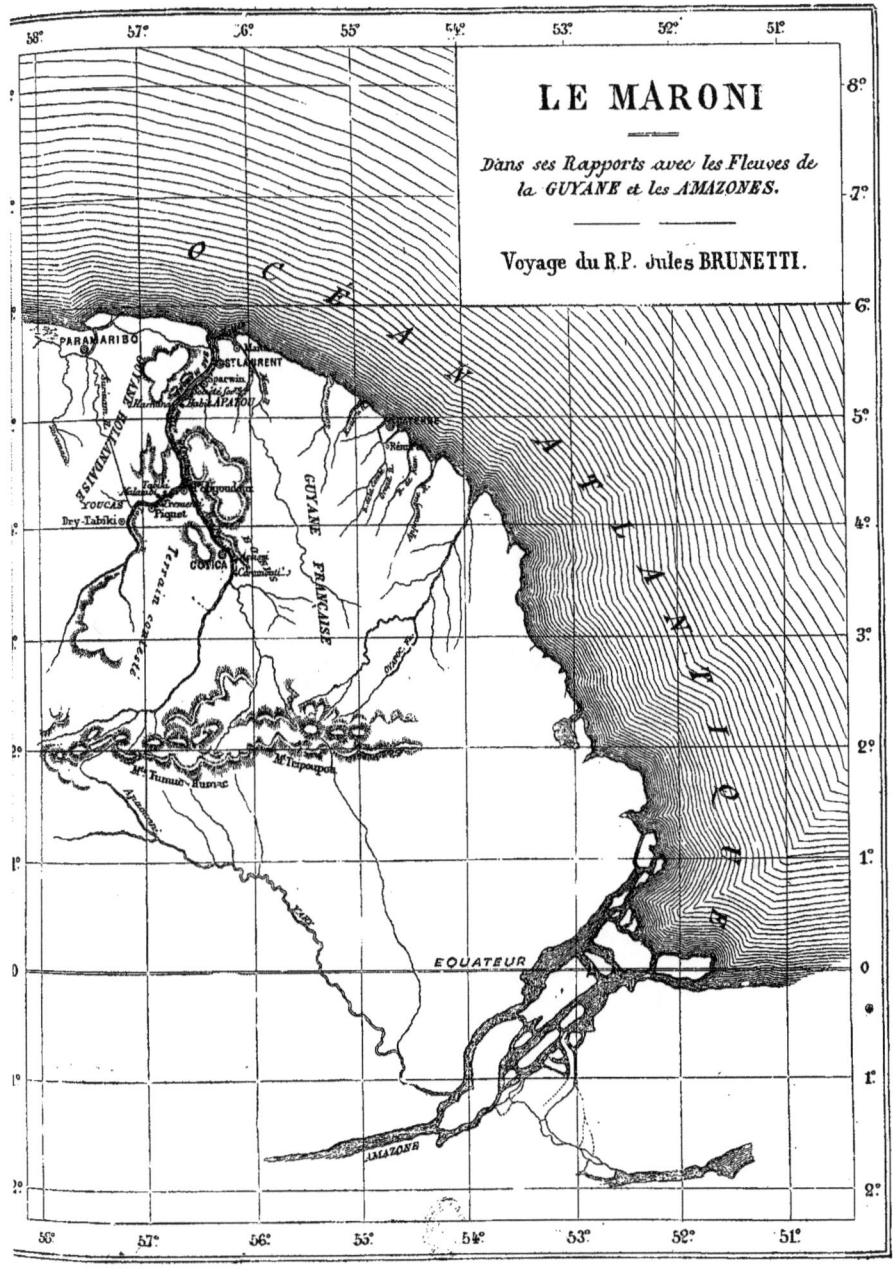

question pendant près de deux siècles, dont la tradition pourtant paraît s'être conservée parmi les Indiens. Ce fut en 1848, lors de l'émancipation, qu'elle revint à l'ordre du jour. En 1856, un créole de l'Approuague, M. Couy Alexandre, remontait la rivièvre d'Approuague et son affluent l'Arataye, s'arrêtait à un endroit nommé Aïcoupaïe, que lui avaient indiqué deux Indiens portugais du Brésil, et recueillait les premiers grains d'or au fond de sa battée. A partir de cette époque, l'industrie aurifère se développa lentement, et des rives de l'Approuague elle s'étendit bientôt aux autres rivières de la Guyane, qui furent peu à peu exploitées. En 1866, dix ans après le premier essai de l'Arataye, la production totale s'élevait à environ 200 kilos. En 1876, elle atteignait 1,000 kilos, pour arriver, en 1886, au chiffre de 2,000 kilos d'or, représentant la somme brute de 6,000,000 de francs.

Un mot encore avant de reprendre le récit de notre voyage.

L'or recueilli à la Guyane est l'or alluvionnaire provenant des lavages. Les deux placers *Saint-Elie* sur le Sinnamary, et *Enfin* sur la Mana, viennent d'installer chacun une machine à broyer les quartz aurifères.

Jusqu'ici le bassin du Maroni a été peu exploré. En sera-t-il toujours ainsi, c'est le secret de l'avenir. Ce que je puis affirmer, c'est que « la soif de l'or ne trouble point mon sommeil », je vais à la recherche des âmes qu'a rachetées le sang d'un Dieu. L'une d'elles vaut plus que tous les fabuleux trésors de l'El-Dorado.

Nous revenons à l'îlet Abouca à quatre heures. Apatou a tué un tatou, un perroquet, un chat tigre qui aurait facilement mangé pour son déjeuner trois ou quatre chats domestiques. C'est le troisième que nous tuons depuis mon départ de Saint-Laurent. De la tête à la queue, il avait un mètre cinquante. Les Arabes qui travaillent au placer de MM. du Serre en ont fait un régal (eux seuls mangent ce félin); ils m'en garderont la peau. Je reviens coucher à du Serre, où l'on m'offre un lit; nous partirons demain, de grand matin.

12 *mars*. — Nous quittons Abouca à sept heures : mêmes adieux qu'à Saint-Bernard. Acouman veut absolument que je le baptise avant de partir; malheureusement il n'est pas instruit. Nous verrons au retour.

Nous nous arrêtons un instant devant le village du Gran-Man de Paramaca sans descendre : il n'y a pas de débarcadère. La seule voie pour y arriver consiste en quelques troncs d'arbres abattus; je ne me sens pas disposé à faire de si bonne heure, et sur des troncs fortement inclinés et mouillés, un exercice de gymnastique. Le vieux nègre avait d'ailleurs assez mal reçu nos pères en 1877, et je voulais l'en punir un peu, en ne descendant pas. Mais, la montagne ne venant pas à Mahomet, Mahomet alla à la montagne : c'est ce qui arriva dans cette circonstance. Sa Majesté, vêtue d'une vieille chemise, apparut bientôt et vint s'asseoir tout près de nous, sur les troncs d'arbres qui lui servaient de warf. Je lui indiquai le double motif qui m'empêchait de descendre, lui promettant cependant une visite à mon retour. Apatou lui offrit un verre de tafia.

Pour ne pas perdre de temps, nous ne voulons pas mettre les chiens à terre; mais la Providence y pourvoit. Un nègre hollandais nous offre un quartier de biche, et nous trouvons dans la rivière un pac blessé flottant au-dessus de l'eau. Nous avons ainsi des provisions pour deux jours. M. du Serre jeune voyage avec nous. Nous avons donc quatre embarcations montées par dix-huit personnes : c'est une petite flottille, qui tantôt est réunie et dont chaque pirogue le dispute de vitesse avec les autres, tantôt est éparpillée

Passage des sauts.

dans les nombreux canaux qui séparent les îles. Dans leurs luttes entre elles, c'est toujours celle que je monte qui finit par l'emporter. S'il en était autrement, Apatou, le chef de manœuvre, en serait humilié, et notre patron, Amanpa, ne pourrait digérer son repas; son sommeil lui-même en serait troublé.

A trois heures nous arrivons à l'îlet Nassau. Il y a quelques années, cet îlet était le point le plus important de Paramaca et comme le centre du moyen Maroni. En amont de l'îlet et sous le vent se trouve un grand village, en ce moment complètement abandonné.

Les Paramacas sont une peuplade qui a émigré de Surinam, il y a trente à quarante ans; ils s'étaient établis dans les îles et sur les rives du moyen Maroni. Mais, depuis quelques années, ils descendent peu à peu et tendent à se grouper au-dessus du saut Hermina, à quelques lieues de Sparwin et à deux journées de Saint-Laurent.

Nous nous installons dans une grande case construite à l'européenne, non encore achevée et abandonnée comme les autres. Je visite le village devenu désert. Devant une de ces cases, j'aperçois une grossière figure d'idole (Boussou); puis, un peu plus loin, sur une petite claie (boucan) d'environ un mètre de hauteur, une calebasse dans laquelle il y a du riz, du sel, un œuf, ainsi qu'une longue baguette au sommet de laquelle est attachée une bande d'étoffe qui a à son extrémité une plume de perroquet et une petite sonnette.

Devant la plupart des cases sont plantées des perches auxquelles sont fixés des lambeaux d'étoffe : ce sont les dieux lares; leur présence effraye et retient les voleurs, et l'on ne touche à rien.

13 mars. — Hier, nous avons eu une rude journée; nous en avons employé une grande partie à remonter les deux rapides Bonibo et Ampoma. Plus nous avançons, plus les sauts deviennent larges et difficiles. Le saut est un barrage de roches plus ou moins élevées, formant dans le fleuve des degrés successifs et de la largeur d'un à deux kilomètres quelquefois. Ces barrages sont coupés à différents endroits et d'une manière très irrégulière. Par ces coupures les eaux du fleuve se précipitent, et la masse liquide obtient une vitesse d'autant plus grande, que les espaces sont plus restreints et les coupures moins nombreuses; c'est là ce qui donne naissance aux rapides.

Le Maroni, comme la plupart des rivières des Guyanes, est formé par une série de bassins dont les sauts constituent les digues de retenue. Le courant, presque nul au-dessus de ces barrages, atteint, comme il est facile de le comprendre, une vitesse vertigineuse dans les nombreux rapides dont se composent les sauts. Dans les grandes crues qui ont lieu après la saison des pluies, en janvier et février, en mai et juin, la plupart de ces barrages sont couverts par les eaux du fleuve.

D'après cette description, on peut se faire une idée des difficultés qu'on rencontre pour remonter ce cours d'eau. Et tout d'abord l'usage des canots avec quille et gouvernail doit être abandonné : seules, comme le dit le docteur Creveaux, les pirogues des Boschs et des Bonis, empruntées aux Indiens, sont capables de manœuvrer au milieu des torrents impétueux et des gouffres tourbillonnants qu'offrent les sauts. Ces pirogues doivent être montées par des Boschs et des Bonis qui connaissent parfaitement la rivière, ainsi que les passages les moins difficiles et les moins dangereux. Les noirs de la côte sont absolument incapables de diriger une pirogue dans le haut Maroni.

Habitués dès leur enfance à parcourir le fleuve, à se servir de la pagaie et à conduire une embarcation, les Boschs et les Bonis offrent aux voyageurs toutes les garanties de sécurité. Sous ce rapport, je n'avais rien à désirer :

Apatou et notre patron Amampa, ainsi que Wellen et Acodo, connaissaient le fleuve mieux qu'un vieux capitaine au cabotage ne connaît les côtes qu'il a à parcourir. Aussi, n'ai-je, pendant tout le cours de mon voyage, éprouvé la moindre émotion, en traversant les sauts les plus difficiles. J'avais pleine et entière confiance dans mes hommes.

Quand nous avons des passages dangereux à franchir, Apatou prend la place d'Amampa et dirige la pirogue. Mon cher Ochi, qui est à l'avant, sait, avec un coup de pagaie donné à temps, nous faire éviter les roches à fleur d'eau et les endroits dangereux. Si la pirogue ne peut résister à la force du courant, au moyen du tacari et des pagaies, vous les voyez se jeter bravement à l'eau et, tantôt nageant, tantôt se cramponnant aux rochers qui bordent les rapides, retenir et pousser l'embarcation.

Ochi manœuvre admirablement le tacari : debout sur l'avant de la pirogue, vous pouvez l'observer plongeant sa longue perche, alternativement à droite et à gauche, s'appuyant dessus de toute sa force et obligeant ainsi l'embarcation à vaincre le courant. Mais il arrive quelquefois que le tacari glisse sur le fond du fleuve ou sur une roche qu'il a rencontrée; alors notre vaillant jeune homme, perdant pied, fait inévitablement un plongeon dans le fleuve. Cela lui est arrivé deux fois aujourd'hui, ce qui m'a causé, la première fois surtout, une vive émotion. Tombé à la renverse, il a tout d'abord disparu dans l'eau tourbillonnante; mais il apparaît bientôt, et, nageant comme un poisson, il se lance à la poursuite du tacari qui lui avait échappé des mains et qui était emporté par le courant. Arrivé à bord, nous nous moquons de lui, et il rit de bon cœur de ce qu'il appelle sa maladresse. Le passage des sauts est un jeu pour eux, et ils se moquent du danger.

Partis à sept heures, nous ne nous arrêtons qu'à midi, pour déjeuner. Après une halte d'une demi-heure, nous continuons notre route jusqu'à cinq heures du soir. Le lieu où nous nous arrêtons est un banc de roches au milieu du fleuve. Quelques arbres rabougris nous offrent un peu d'abri et nous permettent de suspendre nos hamacs. Nous sommes harassés de fatigue et littéralement « accablés par le poids de la chaleur et du jour ». Aussi, après le repas du soir, tous s'empressent-ils de gagner leur hamac, et, selon l'habitude, de se souhaiter une bonne nuit avant de s'endormir (*si bouillé,* bonne nuit).

14 mars. — Nous nous mettons en route de bonne heure, car nous aurons une rude journée. La matinée tout entière est employée à monter les deux sauts Gran-Kaba Mongo (les flèches finies) et Almanbary (tout le monde parle à la fois), c'est-à-dire cinq à six heures d'efforts continus et très pénibles de la part de nos hommes : pousser les pirogues, quelquefois les soulever et les maintenir contre la force du courant. Il faut avoir fait ces voyages, pour se faire une idée de la somme d'énergie à dépenser dans ces passages difficiles.

Ce qui est aussi bien pénible et bien fatigant, c'est ce que j'appellerai le *soleil des sauts*, non pas pour les Boschs et les Bonis, qui vivent de soleil, mais pour l'Européen. C'est toujours en pleine chaleur que s'exécutent ces passages, c'est-à-dire de huit heures du matin à quatre heures du soir. Or, à ces heures de la journée, la température est de 45°, et l'on n'a rien pour s'abriter contre une pareille chaleur.

La réverbération qui a lieu sur ces roches brûlantes est aussi incommode que la chaleur qui vient d'en haut. Cette température élevée, à laquelle l'Européen n'est pas habitué, est la source de la plupart des maladies et sera toujours le grand obstacle à la colonisation des pays tropicaux pour la race blanche. Quant à nos noirs, ils n'en sont nullement incommodés ; vous les voyez tête nue, n'ayant pour vêtement que leur calimbé, exposés des heures entières aux ardeurs de ce soleil. Lorsque le thermomètre descend au-dessous de 30°, ils se couvrent et sentent le besoin de se chauffer. A leur lever, le matin, c'est-à-dire au moment où le thermomètre est à 24°, 22°, et même 20°, la première chose qu'ils font, c'est d'aller s'accroupir autour du feu que Joseph a allumé pour me préparer une tasse de café.

IX

AU-DESSUS DES SAUTS. — CHASSE AU PAC. — L'AYMARA
ET LE COUMAROU.
— LE FROMAGER DE LA CRIQUE YOUCA. — ÉPIDÉMIE DE FIÈVRE JAUNE

A une heure nous avions franchi les deux sauts. Nous descendons pour prendre notre premier repas, et nous nous remettons en route. Dans le but de nous reposer un peu des fatigues du matin, je dis à Apatou de mettre les chiens à terre : ils lèvent deux pacs que nous tuons. Le pac, comme le cabiai, est un grand rongeur très commun sur le bord des rivières de la Guyane.

Voici comme on lui fait la chasse :

Peu habile à la course, il se réfugie au plus tôt dans sa tanière, placée généralement sous de vieux troncs d'arbres; mais, poursuivi par les chiens qui pénètrent jusque dans son trou, il s'échappe par l'ouverture opposée à celle par laquelle il est entré, se jette dans la rivière et disparaît ainsi à la vue des chasseurs et des chiens. Heureusement on connaît ses habitudes, il ne s'éloigne jamais beaucoup de l'endroit où il s'est précipité à l'eau. Il suffit alors de diriger la pirogue tout doucement le long du bord, en amont et en aval sur une longueur de cent à deux cents mètres. On

Au-dessus des sauts.

est sûr, à un moment donné, de l'apercevoir, sortant la tête de l'eau pour respirer, sous une racine ou une touffe de feuillages : c'est à ce moment qu'on lui décoche une flèche ou qu'on lui envoie un coup de fusil. Les deux que nous avons tués pouvaient peser ensemble cinquante à soixante livres.

Le corps du pac ressemble assez à celui d'un petit porc bien gras; son pelage est roux-jaune tacheté de blanc; son museau est le museau agrandi du rat. C'est un bon gibier, dont la viande est ferme et savoureuse.

Ce matin, en me levant, je remarque que mon pied gauche est couvert de sang, ainsi qu'une partie de mon hamac : j'ai été piqué par une chauve-souris au-dessous du pied, près du gros orteil. La plaie est toute petite, et je n'ai pas été éveillé. Ces chiroptères appartiennent au genre vampire et à la famille des vespertillons : ils sont très répandus dans les Guyanes.

Deux espèces surtout sont dangereuses, le vampire à collier jaune (c'est le plus redoutable), et le vampire à collier blanc : ils ont quelquefois jusqu'à soixante centimètres d'envergure. Leur museau est long; ils s'approchent, pendant la nuit, des hommes et des animaux, leur font des plaies en léchant la peau et en l'éventant avec leurs ailes de manière à ce qu'ils ne produisent aucune douleur et se gorgent de leur sang. La plaie ressemble beaucoup à la piqûre de la sangsue; mais ce qui en constitue le danger, c'est qu'elle reste ouverte.

Il n'est pas rare, en effet, de s'éveiller, à la Guyane, lorsqu'on dort sans moustiquaire ou qu'on oublie de la fermer, baigné dans son sang.

Il y a environ deux ans, un Anglais travaillant à la Société forestière (près de Sparwin) fut piqué par un de ces animaux; le lendemain il y avait une mare de sang sous son hamac, et il n'eut pas la force de se lever. On le transporta en hâte à l'hôpital de Saint-Laurent, où il mourait 48 heures après. Pour moi, j'en suis quitte à meilleur compte ; mais cela m'apprendra à ne plus coucher dorénavant, soit en plein air, soit dans un carbet, sans ma moustiquaire.

15 *mars*. — Nous avons campé hier soir à l'embouchure de Beimann-Crique, sur la rive hollandaise : c'est la dernière nuit que M. du Serre passe avec nous ; demain il entrera dans la crique Bounami, qui n'est pas éloignée, pour y faire des prospections. Apatou nous prépare, à la manière des Bonis, une pimentade de coumarous que nous avons tués dans les sauts pendant la journée ; elle est excellente et vaut beaucoup mieux que la cuisine de Joseph ; ce que nous nous gardons bien de dire devant lui.

A propos du coumarou, qui avec l'aymara est le poisson par excellence du Maroni, je lis en ce moment, dans le récit de voyage du docteur Crevaux que j'ai entre les mains, ce passage que je transcris sur mon album :

« La pêche au coumarou est une véritable passion, non seulement pour les noirs, mais pour tous les Indiens des Guyanes. Les nègres Boschs et Bonis ne passent jamais un saut sans s'arrêter des heures entières à cette occupation récréative. Pendant ce temps, le voyageur est abandonné en plein soleil, et n'a d'autre ressource pour se délasser, que de se promener sans abri, sur des roches qui lui brûlent les pieds. »

Ce qu'il y a de certain, c'est que, pour les Boschs et les Bonis, le coumarou et l'aymara sont la nourriture par excellence ; ils la préfèrent à toute espèce de gibier.

Le premier est un acantho ptérygien, ressemblant, sous certains rapports, à notre perche du lac de Genève, un peu plus large et plus aplati, à la chair ferme et savoureuse. Il aime les eaux vives, se nourrit de fruits du monbinier, du copayer (copahiva Guyanensis) et d'une petite

Au milieu des sauts : poussé aux coumarous.

plante qui croît sur les rochers des sauts (mourera fluviatilis). C'est autour des roches et sous ces arbres qu'il faut les chercher. Nos noirs l'aperçoivent de loin, mais ne lui lancent leurs flèches que lorsqu'ils en sont très rapprochés.

L'aymara est un malaco ptérygien qui se tient sur la vase, à l'entrée des rivières et des criques : on le prend de la même manière que le coumarou. Lorsque ces poissons sont atteints par une flèche, ils s'enfuient, mais pas assez vite pour qu'on ne puisse les atteindre avec la pirogue ou en se jetant à l'eau. Quelques-uns peuvent peser jusqu'à sept à huit livres. Quant à leur bonté, je ne suis pas absolument de l'avis de nos Bonis et de nos Boschs ; je les trouve inférieurs à nos poissons du lac de Genève, surtout à la truite et au lavaret ou à la féra.

Au lieu où nous campons, nous avons trouvé un grossier radeau, dont quelque transporté, évadé de Saint-Laurent, s'est servi pour passer de la rive droite du fleuve sur la rive gauche. Ces évasions sont très fréquentes, mais le plus souvent n'aboutissent à aucun résultat. La plupart, après des fatigues inouïes, dévorés par la faim, sont obligés de revenir au pénitencier ; d'autres périssent dans la forêt et deviennent la proie des fauves, quelquefois, hélas! de leurs compagnons d'évasion, que les tortures de la faim changent en bêtes féroces. L'histoire de la transportation à la Guyane est souillée, en effet, de plusieurs scènes de cannibalisme et d'anthropophagie. Je n'en citerai qu'un cas arrivé en 1855.

Cayenne et les pénitenciers venaient d'être éprouvés par une épouvantable épidémie de fièvre jaune, qui avait enlevé dans l'espace de cinq à six mois la moitié au moins de la population blanche. Au fort de l'épidémie, la mortalité, à Cayenne seulement, atteignait à certains jours le chiffre énorme de vingt à vingt-cinq. Les enterrements publics avaient été supprimés. Un tombereau, dont il me semble encore entendre le bruit sinistre dans les rues de Cayenne, conduisait au cimetière, à travers la ville, deux et trois fois par nuit, cinq, six, huit et jusqu'à dix cercueils. Soldats, artilleurs, gendarmes, officiers, prêtres, sœurs, amoncelés sur le même véhicule, s'en allaient pêle-mêle au champ de la mort. Pour donner une idée de ce que fut cette terrible épidémie, qu'il me suffise de dire que, sur vingt-sept gendarmes pleins de force et de vie arrivés avec moi à Cayenne en février sur le transport *le Gardien*, à bord duquel s'étaient déclarés les premiers cas de fièvre jaune, il n'en restait plus à la fin de l'année que cinq vivants.

Mais revenons à nos transportés évadés.

Deux évasions, l'une de six et l'autre de huit hommes, s'étaient effectuées du pénitencier de Lacomté, le 16 et le 29 décembre 1855.

La première bande, ayant épuisé le peu de provisions qu'elle avait emporté avec elle, et en proie à toutes les horreurs de la faim, résolut de mettre à mort un des siens pour se nourrir de sa chair. Lorsque les hommes de la seconde bande les eurent rejoints, vers le 4 janvier, le crime était consommé, et il ne restait plus de cette infortunée victime que de hideux débris et des ossements. Le lendemain de leur jonction, un deuxième, désigné par les chefs, fut tué, dépecé et mangé par ces malheureux à qui les tortures de la faim avaient enlevé tout sentiment d'humanité.

Quelques jours après, une troisième victime, choisie comme les deux premières, avait été désignée pour fournir ces hideux et horribles repas. A dix heures du soir, il est attaqué pendant son sommeil. Après avoir reçu un coup de couteau à la gorge et une large blessure à la tête, des bras vigoureux l'étreignent; mais, faisant un effort surhumain, il parvient à se dégager des mains de ses assassins, et cherche son salut dans la fuite. Grâce aux épaisses ténèbres de la nuit et à un profond ravin dans lequel il était providentiellement tombé, il échappe aux hommes féroces qui le poursuivent. A l'aube du jour, il se traîne au bord de la rivière, ferme ses blessures avec de la terre glaise, se jette sur la coque d'une pirogue qui flottait sur l'eau, et arrive après mille efforts au pénitencier de Sainte-Marie, où il raconte toutes les horreurs dont il a été témoin. Une escouade de surveillants et de soldats, conduite par le malheureux qui venait d'échapper à un si grand danger, arrive bientôt sur le lieu du crime et ramène les fugitifs. Mais de quatorze qu'ils étaient en partant, il n'en restait plus que neuf; quatre d'entre eux avaient été dévorés. Les trois plus coupables ont payé de leur tête leur abominable forfait.

Ce matin, nous sommes partis à six heures et demie, car nous voulons coucher ce soir aux Poligoudous, et nous avons encore, pour y arriver, à franchir deux grands sauts : Singa-Téteye (la corde cassée) et Poligoudous (bagages perdus).

M. du Serre, qui avait voyagé pendant quatre jours avec nous, nous quitte pour entrer dans la crique Bounami ou Abounami, qui se trouve au pied d'une chaîne de collines qui s'étend presque jusqu'à Cotica. En face, sur la rive hollandaise, est une autre crique (en anglais, crique signifie canal ou fossé), Yucanini, à l'extrémité de laquelle il y a un grand fromager (Cacanti). Le lieu où il se trouve, à huit ou dix journées du Maroni, est devenu depuis quelques années un lieu de prières et de pèlerinage pour les Yucas ou Boschs. A certaines époques, des centaines de personnes venues de tous les points, du haut de la rivière de Surinam, de la crique Saramaca, du Tapanaoni, s'y réunissent pour prier.

Voici, d'après Apatou, l'origine de cette dévotion :

Un nègre, s'étant avisé un jour de frapper cet arbre de

sa cognée, du sang était sorti de l'entaille faite à ce grand végétal. En le frappant, le noir s'était blessé lui-même ; et comme ni la blessure de l'arbre, ni la blessure de l'homme ne se guérissaient, on résolut alors de faire des expiations au Cacanti, et tout à coup la plaie et l'incision se refermèrent et disparurent.

Nul doute que ce bombax, appartenant à la famille des malvacées et l'un des plus grands arbres que l'on connaisse, ne fût devenu la demeure du serpent boa, le Vaudou d'Haïti. De là le culte qu'on lui rend dans toute la tribu des Yucas.

A quatre heures, nous arrivons et débarquons sur une petite presqu'île, au confluent de l'Awa et du Tapanaoni. Nous avons devant nous l'embouchure des deux rivières, celle de l'Awa au sud et celle du Tapanaoni à l'ouest.

Il y a dix jours que nous avons quitté Sparwin ; et nous sommes à 180 kilomètres de l'embouchure du Maroni.

X

LES POLIGOUDOUS. — LONGS POURPARLERS. — ENTRÉE AU VILLAGE.
— SAINTE MESSE ET EAU BÉNITE. — RÉUNION DU SOIR. —
CASE DU GRAN-MAN. — TRANSPORTÉS ÉVADÉS. — SONGE AU CLAIR DE LA LUNE.
— UNE ÉVASION DANS L'ÎLE DE CAYENNE

Les Poligoudous, dont le nom vient du saut près duquel ils sont établis, ont leur village à la pointe du delta que forme la jonction des deux rivières. C'est à eux qu'est confiée la garde du fleuve et surtout l'entrée du Tapanaoni. Ils sont soumis au Gran-Man des Boschs.

J'envoie un canot pour leur annoncer notre arrivée et leur demander si le Gran-Man n'a pas donné des ordres pour qu'on mît des canots à ma disposition, afin de remonter le Tapanaoni.

Quelques instants après, dix hommes, les principaux de la *ville*, comme l'appelle notre cher Apatou, nous arrivent dans une grande pirogue, le capitaine à leur tête. Quelques-uns d'entre eux portent des chemises, d'autres un chapeau, et les autres, comme le quatrième officier de Malbrough, ne portent rien, si ce n'est l'indispensable calimbé.

Longs pourparlers entre ces illustres ambassadeurs et mes hommes, pendant lesquels a lieu une première distribution de tafia. Le Gran-Man a-t-il reçu ma lettre, et s'il l'a reçue, a-t-il donné des ordres? C'est ce que je ne puis pas savoir. Puis, c'est la quarantaine! Ils ne savent guère ce que c'est qu'une quarantaine; mais comme ils sont essentiellement imitateurs des blancs, et que les blancs ont intercepté les communications, ils veulent faire comme eux. N'apportons-nous pas la maladie dans une de nos caisses, ou dans un de nos pagaras un couple de fièvre jaune, car il y a pour eux des maladies mâles et femelles. J'ai beau leur dire que la fièvre jaune n'atteint pas les noirs, mais les blancs; que nous n'avons rien de ce qu'ils redoutent dans nos malles; je n'arrive pas à les convaincre.

On essaye de m'arrêter, comme on l'avait fait pour le père Neu et pour M. Crevaux. Ils se défient du blanc (*Bacca* dans leur langue), et se croient les maîtres absolus et les possesseurs du Tapanaoni.

Les Poligoudous ont pour mission de ne laisser passer que ceux que le Gran-Man autorise à remonter la rivière. Bref, on ne veut pas nous laisser entrer dans le Tapanaoni. Apatou a déployé inutilement toute son éloquence. Quoique très brave, il craint de déplaire aux Yucas; il a tort de les prendre au sérieux. Mais je n'étais pas disposé à m'arrêter en si bon chemin.

J'interviens donc directement dans la conversation, et leur dis d'un ton très sévère que je n'admets aucune de leurs raisons, que ce n'est pas le Gran-Man qui s'oppose à ce que j'entre dans Tapanaoni, mais bien eux-mêmes, et que je me moque de leur défense. Puis, m'adressant à mes hommes, je leur ordonne de monter immédiatement dans les pirogues, pour nous en aller dans l'Awa, laissant ainsi les Poligoudous, que nous retrouverons plus tard; car je suis bien décidé, en revenant de chez les Bonis, à remonter le Tapanaoni. Comme ils demandent encore du tafia, je défends à mes hommes de leur en donner.

A la vue de mon mécontentement, et surtout, je pense,

Notre arrivée dans le village des Poligoudous.

du refus que je faisais de leur donner du tafia, ils commencèrent à s'adoucir et à dire que, puisque je me fâchais, je devais avoir raison : il n'y avait, par conséquent, plus de motif de me refuser la libre pratique. Le traité de paix fut rédigé avec un second verre de tafia et scellé d'une poignée de main donnée au capitaine, ainsi qu'à ceux qui l'accompagnaient. Quelques instants après, nous arrivions triomphalement au village des Poligoudous. Mes jeunes gens, avant de se montrer aux Yucas, procèdent à leur toilette : Ochi se coiffe de mon grand chapeau noir de voyage, moi j'avais mon salaco, d'autres changent de calimbé et frottent les anneaux nombreux en cuivre qu'ils portent aux bras et aux jambes, lavent leurs jambières ou jarretières en coton, etc.... Sur notre passage, nombre d'enfants se sauvent, quelques-uns en poussant des cris de terreur. Un blanc chez les noirs, c'est un noir chez les blancs. Nous sommes conduits dans un grand carbet construit au milieu de la place du village, et nos bagages y sont transportés. Il était temps, car nos onze heures de canotage et de soleil avaient été dures.

16 *mars*. — Nous avons eu, hier dimanche, la sainte messe à sept heures et demie : le village entier y assistait. Notre grand carbet avait été orné de feuillage et de tentures, c'est-à-dire métamorphosé en chapelle rustique.

Avant la messe, comme chez Apatou, j'avais fait de l'eau bénite. Après le saint sacrifice, la plupart de nos Poligoudous sont venus avec des vases chercher Wata-Gadou, *l'eau du bon Dieu,* comme ils l'appellent. Papa Sanpi, l'oncle d'Apatou, qui est baptisé et qui a l'air d'un bien bon et d'un bien brave homme, n'a rien de plus pressé que de se laver la tête et les mains avec la part qu'il a eue. C'est trop de dévotion et pas assez de respect, et je lui insinue doucement qu'habituellement on ne bénit pas l'eau dont on se sert pour cet usage.

Après avoir pris un peu de café noir, mon unique déjeuner du matin, je visite les cases, accompagné du capitaine. Je retrouve tous mes hommes de la veille qui sont un peu honteux et assez embarrassés tout d'abord avec moi.

Le village des Poligoudous est considérable et renferme une cinquantaine de cases, ce qui suppose une population d'environ cent cinquante à deux cents âmes. Un peu éloigné de la rivière, et à l'ombre de magnifiques fromagers, il est surtout remarquable par la propreté qui y règne; mais sa position, au milieu des grands arbres qui l'entourent, le rend très chaud. Il en est ainsi d'ailleurs de tous les villages des Bonis et des Boschs. A Paramaca, où les villages sont presque tous sur les îles, leur situation est toujours en amont et sous le vent de l'île : les noirs, en général, n'aiment pas la fraîcheur; il leur faut une température de 30° à 40°, comme nous l'avons déjà dit. Leurs cases sont toutes construites sur le même modèle. Quatre poteaux fixés en terre soutenant deux sablières; sur les sablières, deux fermes sur lesquelles sont appuyées des traverses, puis de petits chevrons sur lesquels appuie directement le toit composé de feuilles de maripa ou de pinot (deux palmiers) assez habilement tressées et dont les grandes côtes servent de lattes. C'est là le carbet ouvert aux deux pignons.

La case (haussou) est fermée complètement. A l'un des deux pignons est placée une petite porte sous un avant-toit qui n'a jamais plus d'un mètre de hauteur. Toute cette petite construction se fait sans clous et même sans chevilles. La hauteur de ces demeures ne dépasse guère quatre mètres jusqu'au faîte; la longueur est de quatre à cinq mètres au plus, sur une largeur de trois à quatre mètres.

Le toit tombe des deux côtés jusqu'à terre. Chaque ménage a deux cases : le carbet où l'on fait la cuisine, où l'on cause et où l'on reste pendant la journée, et une autre case fermée hermétiquement pour dormir pendant la nuit.

Les Poligoudous ont mis à ma disposition, outre le grand carbet, dans lequel je trace ces notes, assis sur une de mes caisses, une haussou pour y passer la nuit; mais je ne puis ni ne veux profiter de cette bienveillance. Je serais, il est vrai, à l'abri des chauves-souris, des moustiques et des maringouins; mais, d'un autre côté, je ne pourrais supporter l'absence complète d'air et la chaleur.

Il y a pourtant une exception dans le village, pour la case du Gran-Man précédent, qui est construite, comme on le voit dans le dessin que j'en ai fait, sur pilotis de trois mètres de hauteur et à laquelle on monte par une échelle primitive qui n'est autre chose que la moitié d'un tronc d'arbre dans lequel on a pratiqué des entailles. Elle est inhabitée depuis sa mort.

J'ai invité le capitaine à déjeuner avec moi aujourd'hui; je lui ai reproché amicalement d'avoir fait tant de difficultés pour me laisser entrer hier. Le pauvre homme, qui d'ailleurs n'a pas du tout l'air féroce, s'excuse comme il peut; et il fait tous ses efforts, pendant la journée, ainsi que les principaux du village qui étaient venus au-devant de nous, pour me faire oublier ce qui s'était passé la veille. Ils ont été les premiers à venir à la messe et à assister le soir à la prière commune.

Dans cette réunion du soir, je leur ai dit quel était le but de mon voyage : leur faire connaître Dieu, les baptiser et instruire leurs enfants. Puis je leur ai expliqué la valeur et l'efficacité de l'eau bénite « Wata-Gadou », cherchant à les convaincre que cela valait mieux que leurs *oubia* ou charmes, et leur *Tiphonga-Couchi,* divers objets auxquels ils attachent toutes sortes de vertus. Je leur parle de Dieu, de l'âme.

Apatou me sert d'interprète. Quand nous faisons de la

théodicée et de la psychologie à leur portée, Apatou pousse un grand soupir avant de commencer et de dire : « *A taqui :* je parle, écoutez. » Ce sont, en effet, des choses difficiles pour lui, et il n'a pas dans sa langue des mots à sa disposition pour exprimer certaines pensées que je lui suggère. Ils n'ont guère d'ailleurs que des idées sensibles, et lorsqu'on veut pénétrer dans le monde surnaturel, il faut, pour ainsi dire, matérialiser sa pensée pour qu'ils puissent la saisir. Et nous-mêmes, ne sommes-nous pas réduits aussi, lorsqu'il s'agit du monde immatériel, à ne pouvoir en dire que ce qu'il n'est pas, c'est-à-dire à procéder par élimination? Tous, tant que nous sommes, nous habitons la caverne de Platon, et nous ne voyons que des ombres, *tanquam speculum et in enigmate,* comme dit saint Paul. L'on ne sent jamais autant son ignorance que lorsqu'il faut instruire des ignorants. Pendant que je parlais, tout le monde gardait le plus profond silence; mais lorsque Apatou traduisait mes paroles en leur langue, de divers points de l'auditoire se faisaient entendre à chaque phrase, ces mots : « *moi* bien... bon » : « *moi oghi* très bien... très bon » : « *cia* oui », « *ciaba* oui, certainement ». — La politesse exige cela de celui à qui on parle, à l'égard de celui qui parle : rester silencieux, c'est une marque de désapprobation.

Il y a eu plusieurs conseils dans la journée auxquels Apatou et Amanpa assistaient : on y a traité de graves questions. Monterai-je chez les Yucas, ou n'y monterai-je pas? — Le Gran-Man a-t-il reçu ma lettre et va-t-il y répondre? — Les Poligoudous peuvent-ils prendre sur eux de me fournir les moyens de remonter le Tapanaoni? Il s'agit d'un blanc « Bacca », et d'un Massa Gadou *Monsieur du bon Dieu.* Ce n'est pas une petite affaire. Ce sont du reste des Africains, et ils ont dans le sang la passion du palabre.

Apatou vient me rendre compte de ce qui a été dit dans chaque conseil : cela ne m'intéresse que médiocrement et ne m'émeut pas du tout. Je ne dormirai pas cinq minutes de moins.

17 *mars*. — Hier soir, j'ai voulu me donner la satisfaction de dormir dans le pigeonnier du Gran-Man défunt, mon petit Thomas y avait aussi suspendu son hamac, à côté du mien, comme il le fait d'habitude. Il y a juste de la place pour nous deux.

Le haussou n'est pas hanté par l'âme du défunt : sous ce rapport, sécurité parfaite ; il n'en est pas de même pour la solidité du palais. Le moindre mouvement de nos hamacs imprimait à l'édifice aérien une oscillation qui n'était pas rassurante.

Hier, une pirogue, expédiée à mon insu par le capitaine, est montée près du Gran-Man des Boschs ; nous attendons la réponse à ma lettre. Déjà il a connu mon arrivée, je n'en doute pas, car il a ses émissaires et sa police secrète qui l'avertissent des moindres événements. Ce qui me le fait penser, c'est que, ce matin, deux Yucas, descendus du Tapanaoni, sont venus me voir, en m'assurant que, si je voulais les visiter, ils en seraient bien contents. On tient encore conseil ; il n'est plus question de la quarantaine ; mais je ne monterai que si on envoie du monde avec des pirogues pour me chercher. C'est ce que j'écris au Gran-Man et ce que je réponds aux nouvelles instances des émissaires. D'ailleurs une pirogue, montée par un capitaine et l'interprète du Gran-Man des Bonis, Anatho, nous arrive ; elle a été envoyée exprès pour m'accompagner jusqu'à Cotica. Nous partirons donc demain et nous irons chez les Boschs, après notre voyage dans l'Awa. Nos hommes en sont enchantés.

Pendant la journée, trois transportés arabes arrivent à Poligoudous. Il y a deux mois qu'ils se sont évadés du péni=

tencier de Saint-Laurent et qu'ils sont dans les bois. Leur état est pitoyable ; minés par les fièvres, exténués par la faim, les vêtements en lambeaux, leur aspect inspire la plus profonde commisération. En me voyant, leurs figures jaunes et amaigries se sont illuminées d'un rayon d'espoir et de bonheur. Après avoir pris mes mains pour les baiser, ils m'ont dit : « Papa, emmènes-nous avec toi. Nous avons trop souffert ; mieux vaut dix fois le pénitencier. » Mais il m'a été impossible d'obtempérer à leurs prières. Je me demande comment ces hommes ont pu supporter de pareilles fatigues et de pareilles privations. Je leur ai donné quelques vivres : du riz, de la morue, un peu de saindoux et du petit salé. Les noirs, qui les gardaient à vue, les ont fait passer de la rive droite sur la rive gauche du fleuve.

Et à propos d'évasion, voici un épisode de ma vie de missionnaire, que je pourrais intituler : *Comme quoi on ne mange pas des ortolans chaque fois qu'on le désire.*

C'était en 1858. J'avais été prêcher une retraite de première communion à Remire ou Beauregard, petite paroisse distante de dix kilomètres de Cayenne, que desservait un de nos confrères, le R. P. Neu [1].

Le dimanche qui suivit la retraite, eut lieu la première communion, que voulut bien présider Mgr Dossat, alors préfet apostolique de la Guyane. Pendant le repas qui suivit la cérémonie religieuse, le prélat ayant manifesté le désir de manger des ortolans, je lui répondis que le lendemain,

---

[1] Ce cher père est mort six ans après à la Martinique, usé par les fatigues de son fécond ministère. Ses paroissiens, qui l'avaient en grande vénération, ont voulu posséder ses restes mortels. Enterré dans le cimetière du Morne-Rouge, sépulture commune des membres de notre congrégation à la Martinique, il fut exhumé au bout de treize mois et trouvé à peu près intact. Transporté à la Guyane, il repose en ce moment au milieu du cimetière de la paroisse de Remire. La piété de ses ouailles lui a élevé, au pied de la croix, un modeste monument destiné à rappeler aux enfants et petits-enfants de ceux qu'il a évangélisés avec tant de zèle ses travaux et sa vie vraiment évangéliques. En ce moment encore on vient s'agenouiller sur sa tombe et solliciter le secours de ses prières.

devant aller déjeuner ensemble chez un des notables habitants de la paroisse, je ferais en sorte de me procurer un plat de ce gibier dans la matinée. Le lundi, en effet, après avoir dit la sainte messe de bonne heure, je pris l'arme du P. Neu et je m'acheminai seul dans la direction de l'habitation où nous devions nous arrêter, espérant faire un bon coup de fusil en passant par la savane que j'avais à traverser pour arriver à mon but. Les ortolans abondent en effet le matin dans les savanes, où ils viennent chercher leur nourriture. Après une demi-heure de marche environ, éloigné de toute habitation, le fusil en bandoulière sur l'épaule, fouillant du regard les touffes de verdure, je marchais lentement, respirant avec délices l'air frais du matin, lorsque tout à coup une voix se fait entendre au loin derrière moi. M'étant retourné, j'aperçois à une assez grande distance un homme débraillé, courant et me faisant signe de l'attendre. Sans m'en préoccuper, je continuai ma marche, mais la voix se rapprochait de plus en plus, et j'entendais distinctement ces mots : « Mon Père! mon Père! attendez-moi, je veux vous parler. » M'étant arrêté une seconde fois, je reconnus en cet homme un transporté. Il était vêtu d'un pantalon et d'une vareuse en grosse toile déchirés et souillés, avait la tête et les pieds nus, et tenait à la main un gros bâton. Que me veut cet homme? dis-je en moi-même, en continuant à marcher. C'est un forçat en rupture de ban; mon fusil lui serait grandement utile dans la position où il se trouve, et après l'avoir obtenu de gré ou de force, que fera-t-il? Pendant que je me livrais à ces réflexions, l'homme avait fait du chemin et ne se trouvait plus qu'à quinze ou vingt pas de moi.

« Que me voulez-vous? » lui dis-je en faisant un mouvement qu'il comprit bien vite, car il s'arrêta tout court, balbutiant quelques paroles que je ne pus comprendre.

« Vous êtes un évadé du pénitencier de Montjoly? Marchez à dix pas devant moi et rentrez au pénitencier, où je demanderai votre grâce au commandant. » Mais il n'était pas venu, comme on le pense bien, pour me demander des conseils. Voyant que je ne bougeais pas, et pensant sans doute que, dans le cas de légitime défense, je pourrais bien lui mettre mes deux charges de plomb dans les jambes, il vira brusquement de bord et s'enfuit en courant dans la savane. Après lui avoir crié : « Vous allez vous faire pincer et attraper dix années de bagne de plus, » je remis mon fusil sur mon épaule, fort satisfait de l'avoir encore en ma possession; mais je ne pensai plus aux ortolans, et une heure après j'arrivai bredouille à Chènebrac. « J'ai manqué de tirer sur un gros ortolan, » dis-je à Mgr le préfet apostolique, lorsqu'il nous rejoignit; puis je lui racontai ce qui venait d'arriver. Et voilà pourquoi nous ne mangeâmes pas d'ortolan ce jour-là.

Le transporté évadé ne jouit pas longtemps de sa liberté. Comme je le lui avais prédit, il fut appréhendé quelques jours après et réintégré sur le pénitencier flottant de Cayenne. Pendant les soixante jours de fer qui lui furent infligés comme première punition, il dut regretter plus d'une fois de n'avoir pas suivi le conseil que je lui avais donné de rallier avec moi le pénitencier, au moment où je le tenais en respect au bout de mon fusil de chasse.

18 mars. — Avant que mes hommes soient prêts, j'ai le temps de prendre mes notes. J'ai beau dire à Apatou que le gros soleil du jour me fatigue beaucoup, qu'il vaudrait mieux voyager le matin et le soir et nous reposer de dix heures à trois heures; je prêche dans le désert. Personne mieux qu'eux ne met en pratique le conseil du Psalmiste : *Nolite ante lucem surgere, surgite postquam sederitis.* Ils ne se soucient pas d'aller voir se lever l'aurore aux doigts de rose; d'ailleurs, comme nous l'avons déjà dit, ils n'aiment pas la fraîcheur, surtout celle du matin. Pour eux, le commencement de la journée, c'est huit heures, neuf heures et même dix heures.

Mais j'ai à vous raconter un curieux phénomène de la lune pendant le sommeil; laissez-moi vous en donner une idée. C'est un rêve comme je n'en ai jamais eu.

La lune étant à peu près à son plein, j'ai été presque toute la nuit, à cause de la position de mon hamac que j'avais fait suspendre à l'extrémité du carbet tourné vers le nord-est, exposé à ses rayons. Dans ce songe les distances d'espace et de temps se sont rapprochées et confondues de manière à ne faire plus qu'un seul point. Le lac de Genève et le Rhône étaient devenus le fleuve du Maroni. Parti de la mer, je remontais le Rhône sur des pirogues dirigées par des Centons et des Allobroges, habillés à la façon de nos Boschs et de nos Bonis, c'est-à-dire très peu habillés. Nous arrivions au confluent de la Saône et du Rhône, qui devenaient, l'un, le Tapanaoni, et l'autre, l'Awa: Lyon n'était qu'un assemblage de huttes ressemblant, à s'y méprendre, au village des Poligoudous.

Puis, montant toujours, nous arrivions au lac de Genève : là, c'était encore le Maroni. Sur les deux rives étaient d'immenses forêts vierges qui retentissaient des cris des singes hurleurs, des tigres, des perroquets; il était parsemé d'îles verdoyantes parmi lesquelles on distinguait la Martinique et la Guadeloupe, belles entre toutes. Sur la rive gauche du fleuve, nous apercevions à l'ombre d'immenses fromagers et des manguiers chargés de fruits, le château de Ripaille habité par l'antipape du concile de Bâle, Félix V (Amédée VIII de Savoie), au milieu de ses chevaliers de Saint-Maurice.

Non loin de là, sur la rive gauche de la Drance, tout près de Thonon, qui n'était autre chose que le village du Gran-Man de Paramaca et auquel on montait sur des troncs d'arbres coupés et couchés sur le bord du fleuve, l'abbaye de Notre-Dame du Gard, où se trouvaient le scolasticat et le noviciat réunis de notre chère Congrégation; la Drance rocailleuse était devenue la Somme, aux eaux jaunâtres, avec ses tourbières et ses brouillards, et elle se jetait dans le Maroni. Evian et Meillerie étaient de petits villages de Bonis, devant lesquels on apercevait une quantité de pirogues dont les habitants se servaient pour aller à la pêche de l'aymara et du coumarou et pour se rendre sur les îles dont le lac était semé.

Toujours conduit par mes Allobroges en calimbé, et dont les deux principaux s'appelaient Couachi et Couacou, je visitais tous les points habités des deux rives, ainsi que les îles innombrables dont le lac était parsemé, et je m'arrêtais avec complaisance sur deux d'entre elles, où je retrouvais mon collège de Fort-de-France, dominant un gracieux village des Boschs, aux cases en paille, d'une propreté exquise, ainsi que le collège de la Guadeloupe, caché dans un grand bouquet de palmistes aux longues branches recourbées et mollement agitées par une brise chargée de suaves parfums.

Nous avions fait une pêche abondante, et nos Allobroges avaient tué avec des fusils Lefaucheux perfectionnés et à percussion centrale, des perroquets, un hocco (magnifique gallinacé au bec jaune et à la huppe noire) et un conata (singe noir, à la figure de vieille Indienne), dont la chair est considérée par eux comme le mets le plus excellent. Nous nous installons dans un carbet; les uns font une pimentade; d'autres préparent le conata avec un immense plat de riz : c'est une vraie ripaille. Le repas est arrosé de vin de Frangy, et au moment de nous mettre dans nos hamacs pour prendre un peu de repos dont nous avons besoin, je me suis... éveillé.

C'était un long cauchemar, privé pourtant de la souffrance et de la douloureuse oppression du cauchemar ordinaire, la tête seulement un peu lourde et un peu prise : c'était sans doute du *lunatisme*. Il était deux heures ; la lune était aux deux tiers de sa course et inondait encore mon hamac de ses rayons argentés.

Après avoir murmuré ces paroles du Psalmiste : *Benedicite, sol et luna, Domino,* et ces autres à Marie : *Pulchra ut luna,* j'étendis sur la traverse du pignon du carbet ma soutane en guise de rideau, afin d'intercepter les rayons de l'astre des nuits, et je me rendormis jusqu'au moment où Joseph, qui se lève de très bonne heure, vint me dire que mon café noir était prêt.

Il est neuf heures, Apatou vient enfin m'annoncer que les pirogues sont préparées. Au moment où nous allons nous embarquer, deux Yucas, sans doute des émissaires du Gran-Man des Boschs, viennent me trouver, pour m'engager de nouveau à monter dans le Tapanaoni, m'assurant que les Yucas, ainsi que le Gran-Man, m'attendent et me recevront bien. Je réponds que c'est trop tard, que je monte chez les Bonis et que je n'irai chez les Yucas, comme je l'ai écrit au Gran-Man, qu'après mon voyage dans l'Awa, et encore si ce dernier m'envoie aux Poligoudous des pirogues pour me chercher.

Les Poligoudous, hommes, femmes et enfants, viennent nous accompagner jusqu'au bord du fleuve et nous envoient de longs et retentissants « *vaca bouillé,* bon voyage » jusqu'au moment où, doublant la pointe pour entrer dans l'Awa, que nous saluons de nos cris joyeux, nous disparaissons à leur vue.

XI

L'AWA. — VILLAGE BOSCH. — CHASSE AU PATIRA. — MAISON DE CAMPAGNE DU GRAN-MAN. — ENTRÉE A COTTICA

18 *mars*. — L'Awa peut être considéré comme la continuation du Maroni. Un examen attentif de la largeur et de la profondeur de ces deux affluents, ainsi que la vitesse du courant, indique que l'Awa est beaucoup plus considérable que le Tapanaoni. Le débit du premier, d'après les études du lieutenant de vaisseau Vidal, qu'Apatou accompagnait dans son excursion, est de 35,960 mètres par minute; tandis que celui du dernier n'est que de 20,200 mètres cubes au mois de septembre, c'est-à-dire au moment où les eaux atteignent la moyenne de leur volume.

Notre journée est à peu près perdue ; n'ayant plus de vivres, nous nous sommes amusés à chasser, et nous n'avons tué qu'un tatou, mammifère de la tribu des édentés, à museau pointu recouvert d'une cuirasse écailleuse composée de parties semblables à un pavage, mais assez grand pour fournir un repas à tout le monde ; il pesait cinq à six livres.

A quatre heures, nous descendons dans un petit village

Bosch. Depuis quelques années, me dit Apatou, les Yucas, ne trouvant plus de gibier, et surtout, plus de coumarous dans le Tapanaoni trop peuplé, tendent à descendre dans le moyen Maroni ou dans le bas de l'Awa, rivière que les Bonis considèrent comme leur appartenant exclusivement, et sur laquelle s'étend le pouvoir de leur Gran-Man.

Ce petit village, composé de huit à dix cases, est, comme tous ceux que nous avons visités déjà depuis notre départ, d'une propreté exquise. Les femmes, quand elles balayent, et elles le font tous les matins, arrachent jusqu'aux brins d'herbes qui poussent autour de leur haussous.

Le plus beau carbet est mis à notre disposition pour la nuit; on nous apporte de la cassave, du riz, une pimentade de poisson. Tous nous demandent du tabac. Malheureusement nous ne pouvons pas les contenter, car notre provision est presque déjà épuisée; et pourtant c'est la meilleure monnaie pour obtenir tout ce qu'on désire. Chez eux, tout le monde fume, les hommes comme les femmes, mais sans excès et sans exagération. Sur les bords du Maroni, le tabac pousse comme la mauvaise herbe et atteint un très grand développement; mais ils ne savent pas le préparer.

Nous rencontrons une jeune négresse qui a été à Mana et qui parle bien le créole : elle reconnaît Joseph (Mouchè Saint-Pé). Elle est très intelligente et cause longuement avec moi. « Sa mère, me dit-elle, n'a que trois enfants, et il faut qu'elle en ait cinq : deux garçons, l'un pour aller à la pêche et à la chasse, l'autre pour lui couper son abatis, et trois filles; la première restera à la maison pour lui préparer ses repas et la soigner quand elle sera malade, la deuxième lavera son linge et entretiendra la propreté dans la case, enfin la troisième ira chercher à l'abatis le riz et le manioc. »

19 *mars*. — La nuit a été très fraîche, et le thermomètre, quand je me suis levé, marquait 20° : ma couverture était presque insuffisante. Afin de rattraper le temps perdu, nous nous sommes mis en route de bonne heure, à six heures et demie ; nous avons marché presque toute la journée, ce qui ne nous a pas empêchés de tuer deux pacs. Et c'était fort heureux, car nous étions à court de vivres.

L'Awa, qui n'est autre chose que la continuation du Maroni, est une grande et belle rivière, mais les sauts et rapides se rapprochent de plus en plus et se multiplient au fur et à mesure que l'on s'éloigne de la mer. Nous passons devant Panpou-Groom (*panpou,* melon d'eau ou pastèque, et *groom,* terre), ancienne résidence du grand chef Boni, dont la tribu porte le nom et dont je parlerai plus loin. L'Awa est plus accidenté que le moyen Maroni ; nous avons à notre droite une chaîne de collines ; et dans le lointain, sur la rive française, nous apercevons les montagnes de Cottica, que notre équipage salue de ses cris joyeux. Pour la plupart d'entre eux, c'est le clocher du village, un peu plus loin à l'horizon.

Leur allégresse me rappelle un chant bien connu : *les deux petits Savoyards,* et je me mets à fredonner le refrain si souvent répété autrefois au collège d'Évian :

> Rien qu'en voyant notre campagne,
> Je sens déjà battre mon cœur.
> Oui, tout là-bas, c'est le montagne,
> Le village, c'est le bonheur.

Ce qui ne contribue pas peu à la joie générale, c'est que nous avons tué des coumarous, et qu'une bonne pimentade, accompagnée d'un rôti de pac, réparera, à la fin de la journée, les forces dépensées pendant onze heures de canotage.

Chasse au patira.

Comme ils sont heureux, ces missionnaires! pensez-vous en lisant ces lignes. Voguer sur une belle rivière avec de légères embarcations; se livrer tout en voguant au plaisir aristocratique de la chasse et au plaisir bourgeois de la pêche; avoir devant soi, pour la récréation des yeux, un splendide et incomparable paysage qui varie à chaque sinuosité du fleuve; puis, à la fin de la journée, au moment où le soleil va se cacher derrière les grands arbres de la forêt vierge, aborder une île à la Robinson Crusoé, y faire un repas succulent composé tout entier avec les produits de la pêche et de la chasse; après le repas, faire une promenade digestive « à l'ombre des ananas en fleurs » et enfin se balancer mollement et s'endormir dans un hamac « suspendu aux branches des bananiers, caressé par le souffle d'une brise parfumée, etc. » Quelles délices!

C'est ainsi, en effet, que l'on se figure la vie du missionnaire à l'âge de quinze ans; la réalité est un peu différente. Je ne connais rien de plus pénible que ces dix, onze, douze heures de canotage dans des pirogues étroites, où l'on est assis, sans pouvoir changer de place, sur une petite planche d'un décimètre de largeur, exposé aux rayons ardents d'un soleil de 45°.

20 mars. — La journée d'hier a été bien remplie encore. Après avoir passé la nuit dans une île où il n'y a pas de vestige humain, nous nous sommes mis en route, après nous être placés sous la protection de saint Joseph, dont on célébrait la fête. Vers huit heures, je dis à Apatou de mettre les chiens à terre; ils lèvent presque aussitôt un patira, qui n'a rien de plus pressé que de se réfugier dans sa tanière. Le patira, avec le cochon marron ou pécari, n'est autre chose que le sanglier du pays, moins grand pourtant et moins terrible que celui de la forêt des Ardennes. Aux aboiements des chiens, nos hommes reconnaissent que le gibier est à notre merci; et tous de descendre à l'envi et de se diriger vers le lieu indiqué par les cris de *Commandon* et *Tigre* (noms des deux meilleurs chiens d'Apatou).

Nous entourons l'arbre, dans les racines duquel le fauve a creusé sa demeure. C'est un magnifique balata de trente à quarante mètres de hauteur, creux à l'intérieur, à cause de sa vieillesse. Nos jeunes gens vont couper deux perches, longues de deux mètres, ayant l'épaisseur du bras. Taillées en pointe à l'une des extrémités, elles sont fixées en terre des deux côtés de l'ouverture de la tanière, et placées l'une sur l'autre comme les deux branches d'une paire de ciseaux, de manière à laisser passage à la bête lorsqu'elle sortira, et à la saisir par le cou, en écartant la partie supérieure des deux perches. Cela fait, nos hommes pratiquent avec la hache une entaille dans l'arbre, de manière à pouvoir introduire dans la partie creuse une branche de palmier épineux, au moyen de laquelle on excite l'animal pour l'obliger à sortir.

Mais nous avions affaire à un vieux patira expérimenté, qui connaissait plus d'un tour; après avoir essayé plusieurs fois de sortir, il finit par se blottir au fond de sa tanière et ne veut plus bouger. Force nous est alors d'agrandir avec la cognée l'ouverture que nous avions pratiquée dans l'arbre. Apatou veut me laisser l'honneur de le tuer. Ce n'est pas difficile; je lui envoie à un ou deux mètres de distance une charge de gros plomb dans la tête. Nous le retirons de son gîte; il pouvait peser cinquante à soixante livres et avait des défenses formidables. Il est aussitôt dépecé et partagé.

Nous continuons notre route; c'est une suite de rapides qui se succèdent sans interruption; la marche devient de plus en plus difficile.

21 *mars*. — Nous sommes sur une petite île qu'Apatou appelle pompeusement la maison de campagne du Gran-Man.

C'est une touffe d'arbres sur des roches avec deux petits

L'Îlot du Gran-Man.

carbets et un ajoupa. Ici le Maroni n'est plus un fleuve, c'est un immense espace de plusieurs kilomètres de largeur, semé d'énormes masses de roches, de petits îlets, au travers desquels le fleuve semble se perdre et se divise en mille petits torrents et ruisseaux qui coulent dans toutes les directions. Lorsque les eaux du fleuve sont fortes, tout cela est couvert ; j'ai essayé d'en faire le croquis.

Dans le lointain et parallèlement au fleuve, deux chaînes de montagnes, ou plus exactement de hautes collines, forment le fond du tableau que j'ai devant moi ; plus bas, et au pied de ces collines, une ligne épaisse de verdure ; c'est la rive droite du fleuve. Et sur le premier plan, mille nappes d'eau limpide se jouant et coulant doucement autour et entre les masses rocheuses. Ces roches, comme les collines que l'on rencontre le long du fleuve, se composent de diorites, de granit, de schistes et de quartz, reliés ensemble par une pâte feldspathique. Sur la rive gauche, une suite de collines se dirigeant vers l'ouest et reliées à celles de la rive droite.

Nos hommes sont tous partis pour la pêche, il faudrait dire la chasse au coumarou ; il ne reste avec moi que le capitaine Adam, ainsi que Joseph et mon petit Thomas, qui s'occupent à faire bouillir le canari. Le capitaine vient de tuer un lézard sur l'arbre à l'ombre duquel je suis assis en ce moment et où j'écris ces lignes. La chaleur est étouffante ; j'ai mal à la tête et je suis dévoré par une soif ardente. Je ne veux pourtant pas être malade, je me suis si bien porté jusqu'ici ! J'irai prendre un bain, comme je le fais presque tous les jours depuis mon départ, lorsque le soleil sera tombé. Après une journée passée en canot, sous ce terrible soleil du Maroni, un bain, dans une eau limpide de 24 et même 26° de température, est un grand soulagement.

Notre monde revient de la pêche. On prépare les fusils ;

on fait des décharges qui sont entendues sûrement à Cottica. Nos jeunes gens sont pleins d'entrain, et jusqu'à notre vieux papa Amanpa, chacun se réjouit à la pensée que demain nous arriverons à la *capitale* et y ferons notre entrée solennelle.

22 *mars*. — Je me hâte de prendre quelques notes ce matin, avant notre arrivée à Cottica; j'ai eu un peu de fièvre hier soir. Joseph nous avait préparé un rôti d'iguane dont la chair est excellente, mais je n'ai pu y toucher.

Ce magnifique saurien, qui atteint la longueur d'un mètre cinquante à deux mètres, est très commun dans ces parages; c'est un beau lézard d'un vert argenté et couvert d'écailles à couleurs chatoyantes. Ce qui le distingue surtout, c'est une crête composée d'épines saillantes réunies entre elles par une membrane qui part de la tête et se termine à la partie moyenne de la queue. Cet appendice de l'iguane (nom que lui donnent les Indiens et qu'on lui a conservé dans la science) atteint quelquefois la longueur d'un mètre. Ces reptiles se tiennent sur les arbres qui bordent la rivière, et ils se précipitent dans l'eau, à quelque hauteur qu'ils soient, vingt, trente ou quarante mètres, aussitôt qu'ils aperçoivent une pirogue ou qu'ils entendent le bruit des pagaies. C'est un spectacle dont nous avons déjà été plusieurs fois témoins dans notre voyage. Celui que le capitaine Adam a tué hier pouvait peser sept à huit livres, et sa longueur totale, de la tête à la queue, était de un mètre soixante-dix.

Pour la première fois, depuis que nous sommes partis, la nuit est mauvaise. La pluie et l'orage me forcent de chercher un abri, et je me réfugie sous un ajoupa qui a huit pieds de longueur sur une largeur de quatre pieds. Trois hamacs sont suspendus dans cet étroit espace, et mon petit Thomas se blottit sous mon hamac, enveloppé dans ma couverture. Jugez comme nous devions être à l'aise. C'était

Collines de Cottica.

nous cependant qui étions les mieux partagés. Nos jeunes gens ont changé leurs pagnes, ont fait natter leurs cheveux, ont astiqué leurs fusils et les anneaux de cuivre qu'ils portent aux bras et au-dessus de la cheville du pied. Amanpa, que des douleurs et l'âge courbent un peu, semble se redresser et se rajeunir. Il a nettoyé sa banquette et sa petite lampe de schiste, qui ne le quittent jamais. Wellem, le patron de notre pirogue de bagages, a la tête ceinte d'une couronne indienne, faite avec des plumes rouges et jaunes et sur les épaules un pangui aux couleurs voyantes. Quant à Apatou, il est habillé à l'européenne et il porte ses vêtements aussi bien qu'un membre de la Société géographique.

Nous avons quitté l'îlet à sept heures ; il est neuf heures, et avant une heure nous serons devant Cottica.

XII

ARRIVÉE A COTTICA. — RÉCEPTION. — GRAN-MAN. — LOGEMENT. — SAINTE MESSE. — ACCÈS DE FIÈVRE. — L'AWA. — HABILETÉ DES BONIS A LA NAGE

23 *mars*. — Comme je le disais dans mes lignes précédentes, notre petite flottille est arrivée hier à dix heures en vue de la *capitale* des Bonis (style local). C'était bien une petite flottille, et l'expression ne me paraît pas trop prétentieuse. Il y avait d'abord nos deux pirogues, montées par dix personnes; deux autres pirogues de Bonis, celle d'Acodi, qui nous accompagnait depuis Sparwin, et la pirogue du capitaine Adam, qui avait été envoyée au-devant de nous jusqu'aux Poligoudous; une cinquième, de l'îlet où nous avions passé la nuit; et enfin deux autres embarcations descendant la rivière et virant de bord pour nous faire cortège à notre arrivée à Cottica. En tout sept embarcations montées par trente-cinq personnes.

Au moment de tourner la dernière pointe, au delà de laquelle nous devions apercevoir la *ville,* les pirogues se mettent en ligne de bataille, c'est-à-dire sur deux files, la nôtre marchant en tête comme à Trafalgar; et aussitôt commencent les décharges de mousqueterie, auxquelles on répond de la terre.

Nous avons doublé la pointe au chant des pagayeurs conduit par Joseph. Une longue acclamation partie du rivage et mêlée de coups de fusil répond aux acclamations, aux chants et aux décharges des pirogues, lorsque nous sommes aperçus. C'est vraiment solennel. La population tout entière est sur le bord de la rivière. Au milieu d'elle, on distingue deux vaillants noirs aux formes herculéennes, exécutant avec les armes qu'ils tiennent à la main de fantastiques exercices, assez semblables, moins les chevaux, à ceux qu'exécutent les Arabes dans une fantasia. Ces chants, ces clameurs, ces détonations se continuent jusqu'au moment où nous touchons au rivage.

Le Gran-Man Anato et les capitaines sont là, en grande tenue, le premier habillé très convenablement à l'européenne, les capitaines avec le calimbé et le pangui. Anato est un noir de trente-cinq à trente-huit ans, un peu maladif, au nez long, aux lèvres minces, à la figure presque européenne, si ce n'était la couleur, d'un beau noir foncé. Il paraît calme et intelligent. Sa femme est une vaillante et belle négresse, n'ayant ni le nez épaté ni les grosses lèvres qui caractérisent la race africaine. Un bon sourire erre presque continuellement sur ses lèvres et donne à sa figure un cachet particulier de douceur et de simplicité ; c'est la cousine germaine d'Apatou, la fille de la sœur de sa mère, sa sœur, comme il l'appelle. Quant à Apatou, il est dans la jubilation : il se retrouve, après neuf ans d'absence (car il n'a pas revu Cottica depuis son voyage avec le docteur Crevaux en 1877), au milieu des siens, là où il a vécu bien des années et où s'est écoulée sa jeunesse.

Après nous être donné une cordiale poignée de mains, le Gran-Man me conduit à son palais, dont il met la moitié à ma disposition. C'est une vaste case divisée en trois compartiments, avec une petite galerie sur le devant. La pièce du milieu sert de salon et de salle à manger, et est ouverte sur les deux façades ; les autres sont des chambres à coucher. Elle est revêtue de planches, et le toit en feuilles ne descend pas jusqu'au sol : c'est ce qui la distingue de toutes les autres cases du village.

Gran-Man des Bonis.

Me voilà installé au milieu de mes caisses et de mes bagages, que les jeunes filles et les enfants ont transportés et placés pêle-mêle dans ma chambre. Demain nous dirons la sainte messe. On orne avec des tentures et des feuilles de palmier le carbet qui est à côté de la case du Gran-Man, et qui lui appartient.

25 mars. — *Annonciation de la sainte Vierge.* — C'est du fond du cœur que je répète avec l'ange : *Ave, Maria, gra-*

Femme du Gran-Man.

tia plena, Dominus tecum. Que nos mystères sont beaux, sont touchants partout, mais surtout dans les grandes solitudes !

Hier, après avoir célébré la sainte messe en présence de toute la population des quatre villages qui forment le groupe de Cottica, j'ai eu des frissons, puis des vomissements suivis bientôt d'un fort accès de fièvre. J'ai essayé de transpirer, et Joseph m'a frictionné avec du tafia camphré; puis j'ai pris une médecine et de la quinine. Ce matin, la fièvre est tombée et je suis assez bien; mais cela a gâté notre fête d'hier, car le soir nous n'avons pas pu avoir la prière et l'instruction; et autour de moi on n'était pas sans inquiétude.

Enfants du Gran-Man des Bonis.

Il paraît que c'est l'usage d'être malade en arrivant chez les Bonis. Je lis, en effet, dans le récit du voyage du docteur Crevaux, en 1877, ces quelques lignes datées de Cottica:

« Le cérémonial de l'arrivée terminé, je me hâte de gagner mon hamac, que j'ai fait suspendre à l'écart. Depuis une heure je sens ma tête tourner et je fléchis sur mes jambes comme un homme ivre. Sababoli se couche près de moi; nous sommes tous les deux en proie à une fièvre violente. Pendant que je me rétablissais lentement, ce fut le tour du R. P. Krænner de tomber malade, et plus gravement que moi. Enfin ce fut Mgr Emonet, qui fut pris d'un léger mal de tête, un soir, en revenant de la chasse; le lendemain, une

Cottica. — Maison du Gran-Man.

crise se déclare pendant la matinée et, le surlendemain, il était sous le coup d'une fièvre comateuse qui, pendant deux jours, ne laisse aucun espoir. La constitution de ces deux missionnaires est profondément altérée ; je les fais descendre au plus vite pour les diriger sur le pénitencier du Maroni, où ils trouveront des soins dévoués. »

Cela ne m'étonne pas trop, vu la position de Cottica, placé sous le vent de terres noyées, avec une température moyenne de 30° à 35° pendant le jour ; et surtout après un voyage de quinze jours dans le fleuve, exposé que l'on est, de sept heures du matin à quatre ou cinq heures du soir, à toutes les ardeurs d'un soleil de 40° à 45°.

Pour nos noirs, ils ne se préoccupent en aucune manière des causes physiques des maladies, qu'ils ignorent d'ailleurs complètement. Il n'y a chez eux que deux espèces de maladies, celles qui viennent de Dieu (*Gadou*) comme châtiment, et celles qui viennent des hommes au moyen des maléfices. Et ils sont bien plus portés à admettre la seconde cause que la première. Aussi leur médication consiste-t-elle à peu près tout entière, non pas à administrer des remèdes pris dans la nature, mais à avoir recours à leurs *oubias*, qui seuls ont le pouvoir, par leurs incantations, de combattre et de chasser le mauvais esprit.

27 *mars*. — Avant-hier, après avoir mis sur mon album les quelques lignes qui précèdent, la fièvre est revenue plus forte : elle a duré seize heures, et n'a cédé qu'à une forte dose d'ipéca que j'ai prise vers dix heures du soir. Le Gran-Man, Apatou, Joseph étaient très inquiets de mon état.

On m'a appelé quelquefois *le docteur Ipéca ;* j'accepte volontiers le titre ; convaincu de l'efficacité de ce remède, je le crois souverain dans toutes les fièvres bilieuses. Or, dans les pays intertropicaux, la plupart des fièvres ont pour cause un embarras bilieux, et la présence dans l'appareil digestif d'une trop grande quantité de ce liquide sécrété par le foie : je crois donc qu'il faudrait, dans toutes les affections de ce genre, administrer tout d'abord une dose d'ipéca, si l'on veut que la quinine produise son effet. C'est d'ailleurs la manière de procéder des Brésiliens et des Péruviens. Dieu met dans chaque pays les remèdes propres aux maladies du pays, et l'ipécacuana (écorce odorante et rayée), appartenant à la famille des rubiacées, ainsi que le quinquina, sont deux plantes qui croissent dans les forêts de la Guyane aussi bien que dans celles du Pérou. Une longue expérience m'en a montré l'efficacité; et c'est pourquoi je voudrais que l'usage s'en répandît dans nos Missions. Une forte fièvre ne résiste pas à une bonne dose d'ipéca; et la quinine, venant après et produisant tout son effet, peut préserver de bien des accès pernicieux.

Je ne suis pas fort. La nuit dernière a été mauvaise, avec quelques frissons, nuit froide et humide d'ailleurs et pleine de brouillards. Nos braves gens s'ingénient à m'apporter toutes sortes de choses que je ne mange pas : cette fièvre, qui m'empêche de travailler, me contrarie un peu; mais qu'y faire? Je n'ai d'ailleurs aucune inquiétude. Si le bon Dieu voulait ma vie en sacrifice pour le salut de ces peuplades, je suis prêt à la donner : c'est avec joie que je la lui offre. J'ai beau sonder mon cœur, je ne trouve plus rien qui m'attache à la terre : le vide s'est fait complet autour de moi, et la pensée de dormir de l'éternel sommeil, à l'ombre des grands arbres de la forêt, sur le bord du fleuve, dans un lieu solitaire, en attendant la résurrection, n'est pas sans agrément. Le Gran-Man et Apatou ont voulu installer un lit dans ma chambre pour remplacer le hamac; mais l'un vaut l'autre, puisque mon lit n'est autre chose qu'une petite paillasse longue d'un mètre; le vide qui reste est rempli par tout ce qu'on a trouvé. Je termine ces lignes, car je suis fatigué et ai besoin d'un peu de repos.

28 mars. — Je suis relativement bien aujourd'hui; j'ai

Cottica. — Jeunes filles allant puiser de l'eau au milieu de la rivière.

mangé un peu, et j'espère pouvoir dire la sainte messe demain dimanche. C'est assis sur une roche de quartz peut-être aurifère, et à l'ombre des grands manguiers qui bordent la rivière en dehors du village, que je me repose en pensant à ma chère Savoie.

Cottica n'est pas sur le bord de l'eau, et il y fait chaud. L'Awa est splendide ici, et sa vue me rafraîchit : seul au milieu de cette charmante nature, je laisse errer ma pensée à sa guise; et comme ces beaux papillons aux grandes ailes d'azur et d'argent qui voltigent autour de moi, elle se pose sur toutes les fleurs du souvenir que garde mon âme.

Au moyen de cette merveilleuse faculté que l'âme possède de rattacher le passé au présent, et ce qui est loin à ce que nous avons sous les yeux, j'ai bientôt franchi les quinze cents lieues qui séparent le Maroni du lac de Genève; je revois ou plutôt je vois tout : les montagnes du pays natal, les rochers à pic, la petite église dominant le village, la maison paternelle assise au bord de l'eau et pleine d'enfants comme autrefois. Ce qui se passe autour de moi est bien fait pour me rappeler toutes ces choses. Ici, comme à Meillerie, les femmes viennent puiser de l'eau, des enfants jouent autour de moi ou se baignent dans la rivière, des hommes préparent des pirogues et des *golis* (espèce de paniers en trappe pour prendre le poisson), de jeunes garçons pêchent à la ligne. Sauf le vêtement et la couleur locale, on se croirait sur la *Riva* de Meillerie.

Ce qui me frappe surtout, c'est la manière dont les femmes, les jeunes filles et les fillettes remplissent leurs calebasses. Ne voulant pas puiser leur eau sur le bord, là où l'on a coutume de laver ou de se laver (quoique ce soit une eau courante), elles prennent de petites pirogues faites exprès pour elles, et, debout sur l'arrière de ces légères embarcations, une pagaie entre les mains, elles vont au milieu de la rivière, à cent, deux cents et même trois cents mètres de distance, près d'une roche qui émerge de l'eau, remplir leurs divers récipients. La place qu'elles occupent sur leurs légères pirogues est à peine assez large pour y mettre les deux pieds.

Tous nos Bonis, d'ailleurs, comme les Yucas, sont d'une habileté incroyable pour conduire les pirogues. Ils sont maîtres de la rivière, comme ils sont les rois de la forêt; et ils vivent presque autant sur l'eau qu'à terre. Dès qu'un enfant sait marcher, il sait aussi nager : garçons et filles se baignent chaque jour et se plaisent à jouer dans l'eau des heures entières. Ils n'ont pas l'embarras de s'habiller et de se déshabiller, car, jusqu'à l'âge de dix ou douze ans, les enfants des deux sexes ont pour tout vêtement un cordon ou un collier autour des reins, et des jambières ou jarretières en coton au-dessous du genou. Non seulement ils nagent comme des poissons, mais encore ils conduisent les embarcations comme de vieux loups de mer, et cela dès l'âge le plus tendre. Nous avons rencontré dans notre voyage de petites pirogues montées par des enfants de cinq, six, huit ans; l'une d'entre elles avait pour patron une petite fille qui n'avait certainement pas sept ans. Ces jeunes pilotes indigènes savent descendre et monter les sauts avec une sûreté de coup d'œil et une habileté vraiment prodigieuses.

XIII

LE VILLAGE ET LES CASES DE COTTICA. — COSTUME. — TATOUAGE

Devant moi coule l'Awa; à trois cents mètres environ, vers l'est, une île assez longue, mais basse et submergée pendant la saison des grandes pluies; au nord, une chaîne de collines que nous avons aperçue déjà, lorsque nous étions au bas de la rivière. La rivière forme par conséquent un coude et coule de l'est à l'ouest; sa largeur peut être de cinq à six cents mètres, et sa profondeur varie de cinq à vingt mètres selon les endroits; ses eaux sont limpides, assez agréables à la température de 24° à 26°.

Cottica est à 3° 30 de l'équateur et à 56° du méridien de Paris. La distance qui nous sépare de Cayenne est de plus de cent lieues, et nous sommes à soixante lieues de l'embouchure du Maroni.

Le village de Cottica a emprunté son nom à la crique Cottica, sur laquelle le chef des Bonis, dont je parlerai plus tard, s'était signalé par un glorieux trait de courage; il est construit sur un plateau de quinze à vingt mètres de hauteur au-dessus de la rivière.

Au nord il est abrité par de grands manguiers chargés en ce moment de fruits dont je me régale, ainsi que l'ara rouge que j'ai blessé à une aile avant-hier, et que nous avons recueilli à bord de notre pirogue. Très farouche d'abord, il commence à s'apprivoiser et reçoit bien les mangues que je lui offre. Au sud il y a quelques jardins rudimentaires où sont cultivés des bananiers, calalous ou gombo, des ananas, des pistaches. Le terrain du plateau est siliceux, et des blocs considérables de quartz pur sont semés çà et là dans le village et hors du village. Je ne serais pas étonné qu'il y eût de l'or dans ces terrains.

Tous les villages des Bonis, comme ceux des Yucas, offrent le même aspect, sauf le site, et la vue de l'un d'eux vous donne une idée exacte de tous les autres.

Les haussous sont placés pêle-mêle, sans ordre et sans symétrie aucune. Chacun construit comme il lui plaît, et oriente son habitation comme il l'entend. Ce sont les divers membres d'une même famille qui se groupent autour de la case de celui qu'ils reconnaissent comme chef, et qui est généralement un des membres les plus anciens. Comme nous l'avons déjà dit, le régime patriarcal domine chez eux.

Une grande propreté règne à l'extérieur comme à l'intérieur des cases. Ils sont, sous ce rapport et sous bien d'autres, beaucoup plus avancés que la population guyanaise. Autour de leurs cases et de leurs carbets, pas la plus petite ordure, et à l'intérieur aucun désordre, aucune chose qui traîne, aucun chiffon dans les coins de la chambre. Il est vrai que les meubles ne les embarrassent pas et que leur garde-robe est très courte : un hamac, un pagara où sont renfermés quelques panguis, camisas, calimbés et coëis, des couis comme vaisselle, une ou deux calebasses pour contenir l'eau, une ou deux marmites et une petite banquette pour s'asseoir; voilà à peu près tout leur ameublement.

Si l'on ajoute à cela le fusil pour aller à la chasse, la pagaie, le croucrou où est déposé la cassave et le riz, la couleuvre et le manaré pour préparer la cassave, et une batée pour vanner le riz, on a l'ameublement complet de la case fermée où ils passent la nuit, du carbet ouvert où ils demeurent pendant le jour, ainsi que de la cuisine. En faut-il davantage pour être heureux?

29 mars. — Nous avons eu la sainte messe aujourd'hui, et j'ai pu reprendre mes instructions du soir. La plupart de nos chers Bonis y ont assisté avec le même recueillement et le même respect que dimanche passé. Le Gran-Man et Apatou se sont placés aux deux côtés de l'autel. Notre chapelle était bien ornée ; la population des quatre villages se trouvait là tout entière. Ces quatre villages, d'ailleurs, sont tellement rapprochés, qu'ils n'en forment, pour ainsi dire, qu'un seul.

Nous avons eu ce matin un bon grain, ce qui a mis notre monde en joie, et qu'ils n'ont pas manqué d'attribuer à la présence de massa Gadou. Ils ont à souffrir de la sécheresse et demandent de la pluie à grands cris.

Aujourd'hui on ne travaille pas et tout le monde est en habit de fête; le Gran-Man, Apatou et Joseph sont complètement habillés; les capitaines ont une chemise avec le calimbé, un peu courte malheureusement; les hommes et les jeunes gens, outre le calimbé, ont pour la plupart sur les épaules le pangui; les femmes, le camisa autour de la ceinture, tombant jusqu'aux genoux, et le pangui aussi qui, placé en bandoulière, leur couvre à peu près la poitrine; les enfants n'ont rien. Mais ce costume est pour la prière et lorsqu'on vient auprès de massa Gadou. En temps ordinaire et surtout pour le travail, les hommes ne gardent que le calimbé, les femmes le cameza et les jeunes filles le coëi (on en fait une douzaine à peu près avec un mètre d'étoffe), vêtement par trop économique, comme vous le pensez bien. Et pourtant il y a tant de simplicité en elles et si peu d'embarras et de gêne qu'elles ne se doutent évidemment pas qu'elles ne sont pas assez couvertes. Je n'irai pas jusqu'à dire, comme Milton, dans son *Paradis perdu,* en parlant d'Adam et d'Ève avant leur faute, qu'ils étaient vêtus de leur pureté et de leur innocence; mais ce qui est visible et ce qui frappe, c'est qu'elles n'ont pas l'idée de se mettre autrement. Aussi hésite-t-on parfois à leur faire connaître que ce qu'elles considèrent comme tout naturel ne convient pas. Depuis d'ailleurs que je suis au milieu d'eux, je n'ai pas encore remarqué dans leurs rapports mutuels le moindre petit geste pouvant blesser la pudeur ou la modestie.

Si, d'un côté, le vêtement est regardé comme une chose accessoire, les ornements tiennent une grande place dans leur existence. La plupart d'entre eux sont tatoués; ils obtiennent ce résultat en insérant sous la peau, au moyen d'incisions, une substance noire. Ces incisions produisent des cicatrices en relief d'un noir foncé, ressemblant assez à des lentilles qui forment, autour du nombril, des rosaces, et sur la figure, les bras, la poitrine, le cou, le dos, divers dessins qui ne sont pas dépourvus d'art et de symétrie. Ils attachent plus de prix à cela qu'à un complet des magasins du Louvre ou à une robe à volants.

Quelquefois aussi ils se blanchissent avec une espèce d'argile. Ils attachent à cet ornement ou plutôt à cet enlaidissement une idée superstitieuse. Cela se pratique surtout par leurs oubias. Hommes et femmes s'épilent soigneusement. Avoir de la barbe est pour eux non pas un signe de force et de virilité, mais de négligence et de malpropreté. Ont-ils pris cette coutume aux Indiens, comme bien d'autres? c'est probable.

Leur chevelure est aussi l'objet de soins particuliers, et ils consacrent un temps considérable à se peigner ou plutôt à se faire peigner. Cet emploi important est rempli par les jeunes filles, et elles y passent quelquefois des heures entières. Hommes et femmes attachent une grande importance à l'arrangement de leur toison, qui se fait de deux manières. La première consiste à réunir cette laine, dans laquelle le peigne passe difficilement, quoiqu'il soit armé de dents formidables, d'un centimètre d'épaisseur sur quinze ou vingt centimètres de longueur, en touffes ou lobes correspondant à peu près aux lobes du cerveau. Chaque touffe est nattée ; ces nattes, de loin, ressemblent à autant de petites cornes de quelques centimètres de longueur, qui donnent au premier abord, à ces figures noires, un aspect étrange et presque redoutable. La seconde manière est moins disgracieuse ; les cheveux sont divisés circulairement en fuseaux ou bandes parallèles ou perpendiculaires à la région frontale. Dans ce cas il n'y a des nattes que sur le derrière de la tête. En guise de pommade ils se servent d'huile de maripa. On m'a déjà demandé à plusieurs reprises si je ne voulais pas me faire natter les cheveux, j'ai remercié chaque fois.

Il faut ajouter à cela les colliers rouges et bleus, les jambières en coton et les anneaux en cuivre des bras, des poignets et des chevilles, quelquefois au nombre d'une dizaine. Ce n'est pas très compliqué, comme vous le voyez ; et si l'on considère les choses au point de vue économique, la toilette de nos Bonis l'emporte de beaucoup sur celle de notre civilisation raffinée.

Demain j'irai visiter les cinq villages qui sont au-dessus de Cottica, et qui forment avec ce dernier la tribu des Bonis. Ce soir, grande réunion et grande prière.

XIV

VISITE DES VILLAGES AUTOUR DE COTTICA. — BAPTÊME. — REPAS CHEZ LES BONIS

30 mars. — Nous sommes partis ce matin à six heures et demie. La rivière est belle, bordée de chaque côté de terres élevées et semée de nombreuses îles. A dix heures nous arrivions au premier village, situé sur la rive droite, et où le capitaine, qui était absent, construit une belle case à étage; c'est la seconde que nous trouvons dans le haut Maroni. On nous offre des épis de maïs grillés qu'ils appellent calou, et dont nos hommes sont très friands.

Nous nous arrêtons peu de temps et continuons notre route jusqu'au grand village d'Assisi, où nous arrivons vers deux heures, et nous sommes résolus à y passer la nuit.

Assisi est une grande île formant un plateau assez élevé. Sur ce plateau est un beau et vaste village, ombragé par de superbes manguiers au feuillage arrondi, s'étendant sur une grande partie de l'île et ayant accès sur les deux côtés de la rivière.

Notre première visite, en arrivant, a été pour la tante d'Apatou; il a des oncles et des tantes un peu partout. Elle a perdu son mari il y a quelques mois; elle est, ce qu'on appelle ici, en grand deuil. A notre entrée, elle se couvre la tête d'un cameza en guise de voile, puis elle se met à pleurer en nous tournant le dos; c'est une lamentation chantée. Apatou s'assied à côté d'elle et pose un de ses bras sur son épaule sans lui adresser la parole; au milieu de ses larmes et de ses gémissements elle redit les qualités et les vertus de celui qu'elle a perdu. Cela dure assez longtemps, et ce n'est qu'après avoir payé au mort ce tribu d'affection qu'elle nous parle.

Ces lamentations, surtout si les visiteurs unissent leurs gémissements à ceux de la veuve, sont quelquefois entendues à plusieurs kilomètres de distance. Elles se renouvellent à chaque visite qu'elle reçoit. Après la mort de son mari, la veuve reste six mois sans sortir de sa case et sans adresser la parole à un homme.

Ici nous trouvons, comme à Cottica, les haussou-gadou. Ce sont de petites cases clôturées avec des goélettes, où sont réunis leurs diverses idoles. Au village du Gran-Man, c'est une grossière figure de femme assise qu'ils appellent *mama-gromm* (mère de la terre) comme ils ont aussi leur *mama-watra* (mère des eaux). Mais son culte me paraît bien délaissé, à voir l'état de délabrement dans lequel elle se trouve, ainsi que l'ajoupa qui l'abrite. Le Gran-Man Anato, à qui je manifestais mon étonnement, à la vue de cette vilaine effigie en terre, me répond qu'ils la conservent par respect pour leurs ancêtres qui la vénéraient, mais que, pour eux, ils ne lui rendaient plus aucun culte.

A Assisi, c'est le *bouzou*, idole faite avec un morceau de bois carré grossièrement travaillé, un peu aminci vers son sommet; la partie supérieure représente la tête, et la partie inférieure le corps. Il faut avoir de la bonne volonté pour trouver en cela une ressemblance quelconque avec un être vivant. Ce morceau de bois est fixé en terre au fond du houssou, badigeonné le plus souvent avec de la terre blanche, qu'on lui prodigue d'ailleurs et dont plusieurs vases placés autour de lui sont remplis. Les autres offrandes consistent en pistaches, riz, diverses espèces d'herbes bouillies contenues dans des bols, des calebasses, des bouteilles, etc., dont la petite case est quelquefois pleine. Quoi qu'il en soit, ils ne se ruinent pas en offrandes, et ils ne semblent pas avoir une confiance illimitée dans leur dieu, qui demeure absolument seul dans son temple étroit recouvert de feuilles.

On m'offre une grande case fermée, à la forme et au toit arrondis, construite à la mode des Indiens Roucouyennes, et qui n'est pas sans élégance. Je ne l'accepte pas; selon mon habitude, je fais suspendre mon hamac dans un carbet ouvert, placé au centre du village.

Un des usages de ces carbets, qu'on trouve dans chaque village et qui sont une propriété commune, est de recevoir les cercueils des morts et d'être transformés en ce que nous appelons chapelles ardentes. C'est aussi le lieu des palabres.

On nous apporte des carpes et des pirailles pour notre souper. Après le souper, prière et instruction; mes hommes, selon leur habitude, se dispersent dans les diverses cases, où on leur offre l'hospitalité. Joseph et mon petit Thomas sont restés à Cottica; je suis donc seul ce soir dans mon carbet.

31 *mars*. — Notre voyage s'est continué sans incident notable aujourd'hui; nous voilà à Coromontibo, dernier village des Bonis dans l'Awa, non loin de la crique Inini et de l'Araoua, à dix-huit journées de Sparwin, à vingt de l'embouchure du Maroni, et à six ou huit journées de sa source.

Mon intention était de monter jusque chez les Indiens Émérillons et les Roucouyennes. Plus heureux que le docteur Crevaux, les Bonis non seulement ne refusaient pas de m'y conduire, mais encore tous voulaient m'accompagner, et je n'aurais eu que l'embarras du choix. Mais, après informations prises, je vois que mon voyage serait à peu près

Village d'Assisi.

inutile. D'après des renseignements que j'ai tout lieu de croire exacts, les Indiens ont abandonné le cours du Maroni et se sont retirés au fond des criques, dans le haut Oyapock.

En voici le motif. Il y a quelques années, la variole régnait parmi les Bonis, qui la communiquèrent aux Indiens avec lesquels ils étaient en rapport. Elle y exerça de grands ravages.

C'est d'ailleurs la maladie qu'ils craignent le plus, et qui fait parmi eux le plus de victimes. Cela se conçoit facilement, vu leur ignorance complète de remèdes et de précautions à prendre. En effet, lorsqu'ils sont atteints de cette affection, ils n'ont rien de plus pressé, pour calmer la chaleur qui les dévore, que d'aller se jeter dans la rivière; c'est le moyen infaillible de rendre la maladie mortelle. Effrayés de cette mortalité, et se laissant aller à leur instinct de vie nomade, ils ont abandonné, sauf quelques familles isolées, les rives du Maroni.

Dans ces conditions, malgré le désir que j'en ai, je ne pousserai pas plus loin mon excursion; le but de mon voyage n'est pas la connaissance des sources du fleuve, ni la découverte du fameux Eldorado que nos anciens plaçaient dans ces parages, ni même la possession du fameux poison *curare* que cherchait le docteur Crevaux : toutes choses pour moi accessoires. Mon but est le salut des âmes, à qui j'apporte la bonne nouvelle.

Coromontibo, avec Assisi, a été un des villages les plus importants de la peuplade des Bonis; mais il a beaucoup déchu. Là se trouve une jeune fille, Joséphine, qui sait lire et écrire; elle est restée plusieurs années à Saint-Laurent, chez les sœurs de Saint-Joseph de Cluny. Elle conviendrait à Apatou, qui serait heureux d'avoir pour compagne une femme « qui peut faire parler et entendre le pampila »; mais, d'après une conversation que j'ai eue avec elle, il est bien à craindre que son choix ne soit déjà fait depuis longtemps.

J'ai baptisé dans ce village trois vieillards : le père du Gran-Man Anato, sous le nom de Joseph ; sa tante, sous le nom de Marie ; une troisième à qui j'ai donné le nom d'Anne, et enfin le frère de Joséphine, un jeune homme malade et paralysé que nous avons appelé Paul. Apatou et Joséphine ont été les parrain et marraine de ces quatre premiers chrétiens de ma mission. Que Dieu bénisse ces prémices !

Notre arrivée dans tous ces villages est un véritable événement. *Bacca, massa Gadou!* Beaucoup d'entre eux n'en ont jamais vu. Tout le monde accourt, et ma personne est longtemps le sujet de toutes les conversations, l'objet de tous les regards ; c'est une inspection complète.

Deux grands canots remplis de monde nous arrivent après midi et passeront, comme nous, la nuit au village. Chacun s'installe comme il peut ; les hamacs sont suspendus, les uns dans les cases disponibles, les autres sous les arbres. On allume des feux çà et là en plein air, et chaque groupe fait sa cuisine.

Voulez-vous, cher lecteur, assister à notre repas ?

Voici une petite *banquette* qu'on vous offre. Entrez dans la case, mais ayez soin de vous baisser si vous avez, comme moi, la taille un peu élevée, car elle est le double de la hauteur de la porte ; et nulle part autant que dans le Maroni je n'ai expérimenté « les incommodités de la grandeur ». Ma tête porte les marques de mes nombreux oublis à courber l'échine. Ceux qui n'auront pas de banquette à leur disposition trouveront une pierre ou un tronc d'arbre quelconque.

Vous avez devant vous un court-bouillon de coumarous (qui n'est pas court du tout), ce que nous appelons, nous, pimentade... Servez-vous et remplissez votre assiette ou votre coui de ce mets fumant ; puis voici du riz cuit à l'eau et de la cassave. Choisissez et puisez avec votre cuiller en calebasse.

Pour dessert, vous aurez un peu de pâte de pistaches (arachides), préparée aussi avec du piment.

Et afin d'imiter nos convives, qui ne boivent qu'à la fin du repas, avalons quelques gorgées d'eau. Avec la dernière gorgée qu'on garde on se lave la bouche, et, cela fait, on la rejette bruyamment et aussi loin que possible.

La nuit, nous essayerons de dormir, si les chiens et les conversations qui se prolongent nous le permettent. En effet, j'ai été plusieurs fois déjà pendant le voyage obligé d'imposer le silence et de dire : « *Kaouca,* taisez-vous ! » à nos jeunes gens, parfois trop bavards et trop rieurs. Quant aux chiens, c'est une vraie désolation, et il est beaucoup plus difficile de les obliger à se taire.

XV

MŒURS DES NÈGRES BONIS. — HABILETÉ A LA CHASSE ET A LA PÊCHE. — CARACTÈRE DOUX ET HOSPITALIER. — ILS ACCEPTENT FACILEMENT LES VÉRITÉS RELIGIEUSES

1er *avril*. — Nous descendons vers Cottica aujourd'hui et retournons par conséquent sur nos pas, en disant successivement adieu à tous les villages que nous avons visités en montant. En un jour, nous parcourons sans effort la distance que nous avons eu de la peine à franchir dans trois jours. C'est très agréable de s'abandonner au courant. On constate avec bonheur que le fleuve, selon l'expression pittoresque des Peaux-Rouges, est vraiment une *route qui marche*.

Il me semble que je n'ai pas assez admiré la beauté de cette partie de l'Awa. Les rives sont de plus en plus élevées, au fur et à mesure que l'on monte, et forment de chaque côté des falaises sur lesquelles on distingue parfaitement des lignes naturelles d'étiage indiquant les diverses hauteurs que le fleuve peut atteindre. Au-dessus des falaises, une splendide végétation et la grande forêt s'étendent à perte de vue.

Les Bonis sont vraiment de grands propriétaires, car toutes ces terres à la végétation luxuriante leur appartiennent; ils en sont les légitimes possesseurs, et n'ont que l'embarras du choix. Mais, il faut bien le constater, s'ils honorent la terre sous le nom de mama groom, ils ne lui demandent guère les richesses que peut produire son sein fécond.

Leur première occupation, c'est la chasse et la pêche; la culture de la terre vient bien loin après..., et cette culture consiste dans un abatis de quarante à cinquante ares de superficie, quelquefois moins, le plus souvent éloigné d'une journée ou deux du village. Là, au milieu d'immenses troncs d'arbres que le feu n'a consumés qu'à demi, ils plantent un peu de manioc, de rares bananiers, sèment quelques poignées de riz et de pistaches, juste ce qu'il faut pour leur usage.

Quant aux denrées d'exportation, comme le café, le cacao, la canne à sucre, la vanille, les arbres à épices, le cannelier et le giroflier, les résines et les gommes, les graines oléagineuses, etc., ils ne s'en occupent pas, et ne les cultivent, ni ne les récoltent. En sont-ils plus malheureux et plus à plaindre? N'ayant que des besoins très restreints, sous le triple rapport de la nourriture, du vêtement et du logement, rien ne les excite à produire des choses dont ils n'usent pas, ni à les échanger contre d'autres objets dont ils ignorent jusqu'à l'existence.

2 *avril*. — Nous voilà de retour à Cottica depuis hier soir, rapportant de notre excursion dans les villages que nous venons de quitter diverses provisions, comme riz, cassave, épis de maïs, tortue, que chacun s'est fait un devoir de nous donner avant notre départ. Ces cadeaux se font toujours au dernier moment, et sont apportés jusqu'à la pirogue par des femmes et des enfants.

Si les noirs demandent volontiers et reçoivent ce qu'on leur offre des deux mains (ne serait-ce qu'une épingle), et il faut prendre ce terme, des *deux mains*, aussi bien au propre qu'au figuré, il est juste de convenir qu'ils donnent aussi très volontiers et qu'ils pratiquent largement l'hospitalité. Ce sont du reste, sous bien des rapports, de grands enfants et, comme des enfants, ils convoitent tout ce qu'ils voient, sans se rendre compte, la plupart du temps, de la valeur et même de l'usage de l'objet. Or, pour les enfants, entre convoiter et demander, il n'y a aucune distance.

En arrivant, j'ai trouvé mon petit Thomas avec un accès de fièvre, et Joseph a mal aux pieds. Nous avons repris nos instructions, et nous préparons notre monde au baptême, qui aura lieu dimanche.

La plupart voudraient être baptisés; mais je fais un choix et n'accepte que ceux qui réunissent les conditions voulues d'instruction et de moralité. L'instruction, voilà ce qu'il faut à ce pauvre monde, *fides ex auditu*. Comment connaîtraient-ils Dieu, n'en ayant jamais entendu parler? Et ce n'est pas facile, en quinze jours, de faire pénétrer dans leur intelligence et ensuite dans leur cœur les vérités fondamentales de notre sainte religion. Heureusement il en est parmi eux qui ont déjà quelques notions de nos dogmes sublimes, et, il faut le reconnaître, leur part d'intelligence leur a été donnée en bon sens.

Le mystère de la chute originelle, pas plus que celle de la Rédemption, ne les étonne. Le démon (Didéli, en leur langue), qui prend la forme du serpent pour tenter nos premiers parents et que Dieu maudit ensuite, est une vérité qui les frappe particulièrement. Ils retrouvent dans la doctrine que je leur enseigne le fond de leurs croyances. Pour eux, en effet, le serpent, « vaudou », est le principe malfaisant; ils lui offrent des sacrifices, afin de le rendre favorable. C'est pourquoi, lorsque je leur dis qu'une femme, Marie, *Maya*, comme ils l'appellent, a écrasé la tête du vaudou, une exclamation de soulagement s'échappe de leur poitrine.

Hélas! il faut bien l'avouer, chez tous les peuples assis à

Village d'Assisi vu du fleuve.

l'ombre de la mort, il y a plus de crainte que d'amour et de confiance. Ils sont beaucoup plus préoccupés d'écarter les dangers dont ils se croient invisiblement menacés qu'à plaire à Celui qu'ils savent être bon et la source de tout bien.

De là cette multiplicité de moyens dont ils se servent et qu'ils appellent du nom générique d'*oubia* (en Afrique gris-gris et fétiches). Mais s'ils ont des oubias pour se rendre la divinité favorable, ils en ont surtout une très grande variété pour se préserver de toutes sortes de maux.

3 *avril*. — Ce séjour un peu prolongé à Cottica (et qui durera jusqu'à lundi) a de véritables agréments pour le missionnaire. Ici, pas de bruit, pas d'agitation; aucun débit de boissons et pas ombre de cafés et de cabarets, cette plaie de nos vieilles sociétés. Nulle politique. Par contre, beaucoup de feuilles vertes et odorantes qui absorbent la lumière et les gaz nuisibles à l'homme pour les transformer et les lui rendre en oxygène ou air vital; mais pas une feuille de papier noirci et maculé d'encre qui, à l'opposé de celles servant de vêtement et de parure aux végétaux, absorbent la lumière et l'air qui vivifient l'âme, les vicient trop souvent et les changent en acide méphitique. C'est-à-dire pas un journal, pas une de ces innombrables feuilles dont le monde civilisé est inondé, et qui font donner à bon droit au triste siècle où nous sommes le nom de siècle de papier.

C'est un véritable soulagement que l'absence complète de ces produits de la presse, remplis de vaines discussions, de doctrines insensées, de systèmes absurdes, vrais chiffons de la pensée humaine, et on jouit pleinement de cette paix et de ce calme profond qui fait tant de bien à l'âme.

Les Bonis sont doux et pacifiques; aucune discussion vive entre eux, aucune dispute. Pendant le jour, les femmes sont à l'abatis, les hommes vont à la pêche ou à la chasse, ou causent entre eux. La nuit venue, ou au moins de bonne heure, chacun rentre chez soi pour se livrer au repos. Nul tapage nocturne, aucun de ces cris et de ces chants avinés si communs dans nos pays civilisés. Les noirs du Maroni boivent volontiers un coup de tafia, mais ne s'enivrent pas; et si l'un ou l'autre d'entre eux a contracté cette déplorable habitude, c'est dans le contact qu'ils ont eu avec la prétendue civilisation.

Il est vrai qu'ils ne savent ni lire, ni écrire, ni compter; l'âge qu'ils ont leur est inconnu, tout aussi bien que le nombre des années qui se sont écoulées depuis la création du monde, ou depuis la naissance de Notre-Seigneur; ils ne savent même pas ce que c'est qu'une année, un mois, une semaine; mais en sont-ils plus malheureux pour cela? Ils connaissent les phases de la lune, sur lesquelles ils se règlent pour leurs cultures, et même pour la pêche et la chasse; la marche du soleil leur sert de chronomètre; leurs récoltes marquent les saisons. Le règne végétal est leur calendrier.

Ce qu'ils connaissent admirablement, c'est le fleuve et la forêt. D'une incomparable habileté à conduire une pirogue, à éviter un récif, à remonter ou à descendre un rapide, à apercevoir bien loin au fond de l'eau, à l'ombre d'un mombinier ou d'un copayer, près d'une roche ou à l'embouchure d'une crique, l'aymara, le coumarou, le comata, le Bonis, comme le Bosch, est vraiment le maître du fleuve, aucune difficulté ne l'arrête.

Si du fleuve nous passons à la forêt, c'est la même habileté, le même sang-froid, le même courage. Le tigre, pas plus que le serpent, ne les effrayent; ils pénètrent dans les fourrés les plus épais, sans jamais s'égarer, et poursuivant le gibier jusque dans ses plus profondes retraites, connaissant ses habitudes et ses ruses, ils le découvrent dans un son lointain, dans un vestige à peine perceptible à l'œil le plus exercé.

Ils sont les rois de la forêt, comme ils sont les maîtres du

Types bonis.

fleuve. Ce qui les rend, comme chasseurs d'une supériorité incontestable, ce n'est pas leur adresse à tirer, mais bien toutes ces qualités que nous venons d'énumérer, qualités auxquelles il faut joindre une grande perfection dans les deux sens de la vue et de l'ouïe. Au milieu d'eux, un bachelier ferait une triste figure, et le Gran-Man en voudrait à peine pour garder ses chiens de chasse et amarrer ses pirogues. Ce qui leur manque, c'est la connaissance du vrai Dieu et les vivifiantes pratiques de notre sainte religion.

XVI

BAPTÊME SOLENNEL DU GRAN-MAN ANATO ET DE SA FAMILLE. — LE GRAND CONSEIL DÉCIDE QUE TOUS SERONT CHRÉTIENS. — RÉJOUISSANCES. — DANSES. — CADEAUX. — MÉDAILLES. — ADIEUX TOUCHANTS

4 avril. — Grande et touchante cérémonie ce matin. Notre petite chapelle champêtre avait été parée de ses plus beaux ornements, fournis, sauf les tentures, par le règne végétal et surtout par la magnifique famille des palmiers, dont les bords du Maroni possèdent presque toutes les variétés. Après la sainte messe a eu lieu, dans la chapelle, en présence de toute l'assistance, attentive et recueillie, le baptême solennel du Gran-Man Anato, de sa femme et de ses trois enfants. Le Gran-Man a reçu le nom de Paul et sa femme celui de Pauline; les trois filles portent les noms d'Henriette, de Marie et de Madeleine.

En outre, ont été jugés capables de pouvoir recevoir le baptême : Couami, notre chasseur, sa femme et ses deux enfants, ainsi qu'un excellent jeune homme, Couacou, fils de Josepi, qui nous avait accompagnés de Sparwin jusqu'à Cottica.

Après la cérémonie, il y a grand conseil présidé par Anato, et l'on y décide à l'unanimité que, dans la tribu

Types bonis.

des Bonis, tout le monde sera baptisé. Le Gran-Man, se faisant l'interprète de l'honorable assemblée, vient me transmettre cette importante décision, en me priant de leur envoyer le plus tôt possible un missionnaire pour les instruire et les préparer au baptême ; il me dit en même temps qu'ils construiront une haussou-gadou (une chapelle) et que massa Gadou ne manquera de rien au milieu d'eux.

Je vais ensuite baptiser dans leurs cases, d'où elles ne peuvent pas sortir à cause de leurs infirmités, dont la première et la plus grave est la vieillesse, la mère du Gran-Man et sa tante.

Enfin, sur la demande de ces dames, surtout de la femme du Gran-Man, qui s'appelle à présent Pauline, et qui a voulu que je sois son parrain et celui du Gran-Man, je procède avec bonheur à la bénédiction du village. La partie religieuse de cette bonne et consolante journée se termine par cette cérémonie.

A l'occasion de son baptême, le Grand-Man invita les capitaines à sa table, qui fut copieusement servie de volailles, de gibier et de poisson, convenablement préparés par Joseph, avec du vin et d'excellent café de Cottica pour la fin.

Le soir, il doit y avoir danses des enfants. Le Gran-Man m'invite à venir les voir ; elles sont innocentes, m'assure-t-il. J'accède à ses désirs : aux enfants s'étaient jointes quelques grandes personnes, et tout le village, ainsi que les villages voisins, étaient là. Voici en quoi consiste cet amusement, qui est comme le complément de toute cérémonie, et pour lequel nos Bonis, comme les Yucas, sont passionnés.

Les femmes, ayant toutes le cameza et le pangui, se placent ensemble en demi-cercle. L'une d'elles chante un récitatif sur un ton uniforme, auquel toutes les autres répondent par un refrain de quelques syllabes et quelques notes répétées en cadence. Toutes ont les bras tendus en avant et levés vers le ciel. Sans faire le moindre mouvement avec les pieds, elles se balancent de droite à gauche au son du tam-tam, en répétant leur refrain. Cela peut durer ainsi des heures et même des nuits entières.

Dans l'hémicycle formé par les femmes s'avance un homme en calimbé à franges et le pangui sur les épaules, plié sur les jarrets, comme s'il était assis, tenant un mouchoir dans ses mains, les bras en avant et un peu élevés.

Le suprême talent consiste à suivre les sons des deux tam-tam, les uns très rapides et les autres plus lents ; avec le pied droit, il frappe la terre à chaque coup du petit tamtam, et, avec le pied gauche, il suit ceux plus lents du gros tam-tam.

Cet exercice de gymnastique, comme on le pense bien, est très fatigant ; aussi les applaudissements ne sont-ils pas épargnés à ceux qui y sont habiles et qui ont manœuvré ainsi pendant quelques minutes. Apatou et le Gran-Man m'ont assuré l'un et l'autre que toutes leurs danses consistaient uniquement en cela ; s'il en est ainsi, il est certain que ce n'est pas dans leurs danses qu'ils offensent le bon Dieu.

A neuf heures, Anato donne le signal de la retraite. Aussitôt les tambours se taisent, les chants cessent, et chacun de regagner sa haussou, après avoir souhaité à massa Gadou un bon sommeil, *si bouillé,* dormez bien, et lui avoir demandé de la pluie avant son départ. Vu le temps, la pleine lune qui approche et la poussinière, je ne crois pas compromettre ma réputation de prophète en leur assurant que leurs vœux seront bientôt exaucés.

5 *avril.* — Aujourd'hui, préparatifs de départ ; le temps s'écoule rapidement. Il y a quarante jours que nous sommes partis de Saint-Laurent, et soixante-six jours que j'ai quitté Cayenne. Nous avons à redescendre l'Awa, pour entrer ensuite dans le Tapanaoni, le remonter et visiter la peu-

plade des Yucas. C'est donc à peine si nous avons accompli la moitié de notre voyage.

Avant de quitter les Bonis, j'ai voulu leur faire quelques cadeaux : le Gran-Man a eu un fusil, de la poudre et des munitions, un coutelas de chasse, une hache et quelques étoffes, avec trois chapelets pour sa femme et ses enfants ; aux capitaines et aux hommes, j'ai offert de la poudre et des calimbés ; aux femmes, aux petites filles et aux petits garçons, des camezas, des calimbés, des colliers, des aiguilles et des épingles.

Grâce à la libéralité de M. le gouverneur, au nom duquel j'ai fait ces présents, j'ai pu ainsi contenter à peu près tout le monde. La plupart des Bonis portent au cou la médaille que je leur ai donnée ; que Marie, *vita dulcedo et spes nostra,* les bénisse et les garde ! *Solve vincla reis, profer lumen cœcis !*

6 avril. — C'est à dix heures qu'a eu lieu notre départ. Tout le monde nous accompagne jusqu'aux pirogues ; il y a au moins deux cents personnes sur le bord de la rivière. Nous quittons le rivage et de longues exclamations retentissent : « *Vaca bouillé ééééé,* bon voyage ! » Mais arrivés à une certaine distance, de nombreuses embarcations, pleines de monde, qui nous avaient suivis, nous rejoignent. Nous nous arrêtons un instant, et Apatou, faisant tout à coup virer de bord, nous revenons sur nos pas. A cette vue, des cris de joie prolongés retentissent sur le fleuve et vont du rivage aux pirogues et des pirogues au rivage ; aux cris se mêlent et succèdent des chants et des détonations.

De retour au débarcadère, et au moment où notre pirogue rasait le rivage, Apatou enlève la femme du Gran-Man (sa sœur à lui) et la fait monter dans notre pirogue ; elle n'est rendue au mari qu'après une copieuse distribution de tafia faite à tout le monde. C'est la rançon convenue de la prisonnière. Tout le monde nous entoure, les chants de départ continuent et nous avons bien de la peine à décoster; enfin il faut partir, car au milieu de ces chants et de ce mouvement, il y a de la tristesse; on sent que plus d'un cœur est oppressé. Nous poussons vigoureusement au large, mais nos hôtes restent au bord de l'eau, ne cessant leurs signes d'adieu qu'au moment où nos pirogues disparaissent au coude de la rivière.

Tambouillé! adieu! oui, à Dieu...! Qu'il bénisse cette bonne peuplade, à cause de sa simplicité et de sa généreuse hospitalité! J'ai été heureux pendant les quinze jours qui viennent de s'écouler rapidement, et je passerais volontiers ici les dernières années de ma vie religieuse. *In pace in idipsum dormiam et requiescam.*

XVII

DESCENTE DE L'AWA. — UNE NUIT HUMIDE. — RETOUR AUX POLIGOUDOUS.
— LETTRE DU GRAN-MAN. — CHEZ LES YUCAS. —
DANS LE TAPANAONI. — UNE PIQURE DE RAIE. — LE TAPIR

7 avril. — Nous avons passé la nuit au dernier petit village, en aval de Cottica : nous sommes tous encore un peu tristes; et mon équipage songe au beau pays des Bonis. La pluie arrive, c'est fort heureux pour ce monde qui en avait grand besoin. Notre marche est rapide; en quelques minutes nous descendons les sauts que nous avons mis des heures à franchir en montant; c'est une vitesse vertigineuse. Si cela continue, nous ferons en deux jours la route qu'en montant nous avons mis six jours à parcourir. J'ai hâte d'ailleurs d'arriver aux Poligoudous pour remonter le Tapanaoni; je presse et j'encourage mes hommes.

8 avril. — Une nuit comme je n'en souhaite à personne! Il fait bon coucher dans son hamac suspendu aux arbres de la grande forêt, lorsque le temps est beau; mais il n'en est pas tout à fait de même quand il pleut, surtout quand il pleut comme au Maroni.

Nous étions descendus à terre vers cinq heures, et, selon notre habitude, nous avions allumé le feu pour préparer une pimentade de coumarous pris à la ligne en descendant, lorsqu'une averse survient. En un clin d'œil nos feux sont éteints, et notre pimentade tellement allongée que la marmite déborde. Le grain passé, nous nous remettons à l'œuvre et arrivons à préparer un repas supportable. On suspend les hamacs et on se couche ; mais une seconde averse arrive, et hommes et hamacs sont littéralement inondés.

Vous jugez de ce que dut être une nuit passée dans ces conditions. Cela a pourtant un avantage, c'est que nous n'avons pas de peine à nous éveiller le matin, et nous pouvons partir de bonne heure.

9 *avril*. — Nous voilà de nouveau aux Poligoudous, où nous sommes de mieux en mieux reçus. Ils n'ont qu'un seul défaut, ces chers Poligoudous : c'est bien ici le quartier général du parlementarisme nègre. Et moi qui croyais être débarrassé pendant quelques mois de tout bavardage parlementaire, de tous palabres de députés et de sénateurs, me voilà au milieu de populations qui emploient les deux tiers de leur temps à causer, et l'autre tiers à bavarder ! C'est bien là un des plus grands ennuis du voyage.

On m'apprend, en arrivant, qu'il y a une lettre du Gran-Man Osseissé pour moi. En l'absence du capitaine, les notables tiennent conseil, pour décider si la lettre doit être remise ; puis un autre conseil pour savoir quand et comment on me la remettra, etc. L'arrivée du capitaine résout toutes ces questions ; je lui intime l'ordre de me donner le célèbre pampila : ce qu'il fait sans difficulté.

La missive du Gran-Man est écrite en hollandais. Comme je comprends le hollandais à peu près autant que l'hébreu, et qu'autour de moi personne ne sait lire, je l'interprète et la traduis de la manière la plus favorable.

« Le Gran-Man a reçu mes deux lettres. Il m'en remercie, et sera heureux de me recevoir dans la capitale, sa

Village de Maïaubi (Tapanaoni).

bonne ville de Poketi (Piket). Le capitaine des Poligoudous est chargé par lui de me conduire. »

Comme je l'avais appris pendant mon voyage dans l'Awa, ma première lettre, écrite de Sparwin au Gran-Man des Boschs, avait eu bien de la peine à arriver à sa destination. Celui à qui je l'avais confiée, ne remontant pas le Tapanaoni, pria un Yuca de Poketi qu'il rencontra dans le fleuve de vouloir bien s'en charger et de la remettre à son adresse, lorsqu'il retournerait à son village.

Rien de plus simple, et dans un autre pays cela aurait passé comme une lettre à la poste. Chez les Boschs, il n'en va pas ainsi. Un pampila, c'est tout ce qu'on veut. Il a, selon le cas, toutes les propriétés bienfaisantes ou malfaisantes imaginables. C'est le plus terrible des *oubias*. Il parle, il fait connaître ce qui se passe à de grandes distances, il apporte la paix ou la guerre, le châtiment ou la récompense, la santé ou la maladie, la vie ou la mort. C'est à peine si on ose le toucher. Aussi le Yuca fit-il, d'après ce que me raconta Antino, le noir à qui je l'avais confiée, mille difficultés pour se charger de faire parvenir ma lettre à sa destination. Au lieu de la recevoir de la main à la main, il exigea qu'elle fût déposée tout d'abord sur une roche au milieu du fleuve. Puis, s'approchant avec crainte, il la souleva avec précaution au moyen de sa pagaye, et sans la toucher, il la plaça à l'avant de sa pirogue. Il est probable qu'il procéda de la même manière pour la remettre à son auguste destinataire.

Après lecture de la réponse du Gran-Man, dont je donne connaissance au capitaine, toujours par l'intermédiaire d'Apatou, nouveau palabre, où communication du contenu de la lettre est faite à tous les notables; et enfin quatrième palabre, pour discuter sur les voies et les moyens à employer pour se conformer aux ordres écrits du Gran-Man.

Est-ce assez *palabrer* en un jour? Aussi, impatienté,

dis-je à Apatou que j'en ai assez, et j'ajoute : « Annoncez au capitaine que je veux partir demain matin; qu'il ait, par conséquent, à prendre ses mesures pour que tout soit prêt pour ce moment. »

Papa Zampa, l'oncle d'Apatou, lui conseille de ne pas monter chez les Yucas; il craint qu'on ne lui fasse du mal. Je le rassure, et Apatou, un peu ébranlé tout d'abord, me dit qu'il ira partout où j'irai. Les Poligoudous me fournissent une pirogue avec son équipage; par mesure d'économie, je me résous, bien à contre-cœur, à renvoyer une partie de mon monde et à ne garder qu'une des deux pirogues que nous avions prises à Sparwin et chez Apatou, à Saint-Bernard. Je les réunis donc et leur laisse le choix de s'en aller ou de rester, mais tous veulent rester; force m'est donc de désigner ceux que je garde. Ce sont les quatre plus jeunes qui descendent : les deux Couacou, Acodo et Couami; ils en sont désolés.

11 *avril*. — Au village de Malaubi. Je suis ici depuis hier à quatre heures, avec un fort coup de soleil qui m'a occasionné un violent mal de tête avec un peu de fièvre. Ce n'est pas bien débuter pour notre voyage dans le Tapanaoni; mais il ne pouvait guère en être autrement. Au lieu de partir à six ou sept heures, comme nous aurions dû le faire, nous n'avons pris le large qu'à dix heures, grâce à la lenteur de mes hommes et surtout de nos Poligoudous. Le soleil était haut, et la rivière est encaissée entre des chaînes de collines qui courent à droite et à gauche sur les deux rives. Elle est beaucoup plus étroite que l'Awa, et, à cause de sa situation, la chaleur est plus intense.

Nous voilà enfin chez les Boschs, au cœur de la grande tribu des Yucas. Comme me l'annonçait Apatou, les villages sont très grands et bien peuplés, assez rapprochés les uns des autres, puisque, dans la seule journée d'hier, nous en avons visité cinq, tous établis sur des îles. Celui dans lequel

Tapanaoni. — Entre un îlet et la rive droite.

nous sommes en ce moment et où j'écris ces notes a au moins une centaine de cases ; et Tabiki (l'île), — c'est le nom du premier village où nous sommes descendus, — ne m'a pas paru moins considérable.

Quant à leur ensemble et à leur aspect, rien ne les distingue des villages bonis ; même forme d'haussou, même disposition des cases entre elles, même absence du cordeau et de la ligne droite, même groupement par pâtés ; et aussi mêmes ornements et même propreté. Mais, ce dont Apatou est un peu étonné, nous sommes reçus avec beaucoup de cordiale simplicité, partout où nous mettons pied à terre. Il a fallu promettre dans deux de ces villages que nous nous arrêterions plus longtemps en descendant, et que nous passerions au moins une nuit chez eux.

Je n'ai pas eu de fièvre aujourd'hui, mais il ne m'a pas été possible de célébrer le saint sacrifice ; j'ai des vertiges et la tête très lourde. De l'eau fortement citronnée, avec laquelle je me lave toutes les demi-heures, a été le seul remède employé en cette circonstance.

Une jeune fille, qui demeure tout près de moi, vient d'être piquée par une raie. Ce sont, pendant trois heures, des cris et des souffrances atroces ; je vais lui offrir mes services et j'introduis dans la plaie du laudanum. L'*oubia* vient ensuite, fait, au moyen d'un couteau, de petites incisions autour de la piqûre et y met je ne sais quel jus de plante ; mais à ces remèdes naturels, il en ajoute d'autres qui le sont moins. On va chercher un morceau de bois que l'on enduit de terre blanche ; l'*oubia* est posé sur une planche, et deux noirs, plaçant la planche sur leur tête, le promènent gravement autour de la case où se lamente la pauvre enfant. Enfin le sorcier est là, poussant des cris lugubres et caverneux pour chasser le mauvais esprit.

Après midi, je visite le village, où se trouvent un certain nombre d'haussous, dont le pignon est artistement travaillé.

Nous rencontrons dans notre promenade un jeune maipouri (tapir) parfaitement apprivoisé, que les enfants caressent et qui se couche sur le sable devant nous. C'est un magnifique animal, de la grosseur d'un âne, — il n'a pourtant que huit mois, — dont le corps ressemble assez à celui du cochon, les jambes plus longues cependant, le cou et les oreilles à ceux d'un âne, et la tête, petite, avec des yeux encore plus petits et sa trompe raccourcie, à la tête de l'éléphant. Tout le monde connaît ce beau pachyderme, qui se nourrit à peu près exclusivement de végétaux et broute comme une chèvre. On le dit cependant amateur de tortues, dont il brise la carapace avec ses pieds de devant, terminés par quatre doigts armés de petits sabots. Il serait peut-être facile de domestiquer cet animal, dont la chair est excellente.

12 avril. — Le capitaine de Malaubi est arrivé hier soir. C'est un brave homme à figure ouverte, d'une grande simplicité, que je regrette de n'avoir pas trouvé en arrivant. Il veut que je dise la messe dans son grand village, en descendant : *Si bon Dié voulé,* car je suis bien fatigué. Je vis à peu près de Liébig, dans lequel je fais mettre une pincée de tapioca; mais mes hommes mangent pour moi. Ils ont un appétit splendide. Nous partons à sept heures. Le capitaine, les notables et la population tout entière viennent nous accompagner jusqu'au débarcadère et nous envoient, lorsque nous sommes déjà en pleine rivière, leur dernier *vaca-bouillé.*

XVIII

RIO-CONDÉ. — LE FILS DU GRAND FROMAGER DE LA CRIQUE YUCA. — FÉTICHISME. — LE KIFONGA ET LE BOUSSOU. — NAISSANCE D'UN ENFANT. — BEAUTÉ DES NUITS

Nous parvenons à onze heures dans un ancien village, Rio-Condé, où se trouve un fromager, descendant direct et fils légitime du grand fromager de la crique Yuca dont je vous ai déjà parlé. Dans quelque temps (*feivi moun*, à la cinquième lune), il y aura une grande affluence de pèlerins qui viendront prier le Cancanti. Curieux rapprochement! C'est le mois de mai, consacré au culte de celle qui devait écraser la tête du serpent, que l'on a aussi consacré au culte du *Vaudou* ou du serpent. Une foule de petites cases ajoupas sont déjà construites, et des centaines se grouperont autour du puissant végétal qui, planté depuis une dizaine d'années, a déjà atteint la hauteur de vingt mètres.

On se gardera bien de toucher à ce futur géant de la forêt, même à un rameau sec qui tombe, même à une racine. Toute la superficie du sol qu'il ombrage de ses branches et parcourt de ses racines découvertes (qu'on prendrait pour d'immenses boas rampant par terre), est nettoyée avec soin.

Au pied du majestueux végétal est construit un bakotogadou, ou boucan arrangé avec un certain art. Trois perches plantées en terre (fakatiki), au sommet desquelles flottent des morceaux d'étoffe blanche, l'entourent. Sur le boucan, espèce d'autel champêtre, on dépose des œufs, des pistaches, de la terre blanche, du riz, des volailles, que l'on mange ensuite. Des tiges de canne-congo, à épi rouge, qu'ils appellent *sangafou* (*costusa rabicus, alpina spicata* des botanistes), placées bout à bout, vont de l'autel à la rivière dans la direction du *papa* fromager de la crique Yuca-Nini, sans doute pour établir un chemin de communication entre le père et le fils, et aussi, probablement, pour que le Gadou ou le Vaudou puisse venir plus commodément, sans se blesser sur les roches ou aux chicots de la forêt, goûter ce qui lui est offert sur le bakoto.

Ici, chez les Yucas, à commencer par les Poligoudous, on sent qu'on est en plein fétichisme : c'est ce qui les distingue des Bonis, qui ont à peu près mis de côté toutes leurs superstitions.

Ce que l'on trouve tout d'abord dans leurs villages, ce sont les kifongas, espèces de fourches caudines sous lesquelles il faut passer; il y en a à toutes les issues. Ce sont des feuilles de maripa, nattées d'une certaine manière et suspendues en guise de franges à une perche placée en travers du chemin, à la hauteur de deux ou trois mètres. Cette perche est soutenue par deux poteaux, au pied desquels sont des calebasses, des bouteilles et quelquefois un boussou coiffé le plus souvent d'une roche : chaque case presque a son boussou, ses katikis, outre les haussougadou, qu'on rencontre à chaque pas.

Le kifonga est renouvelé chaque année, au dernier jour de la douzième lune : ce sont les femmes qui se chargent de ce soin. Elles font couper quelques grandes feuilles de maripa, dont elles arrachent les folioles; elles les nouent autour d'une nouvelle perche, mais, avant de le placer, elles font jeter à la rivière celui de l'année qui vient de s'écouler, avec les ordures de leur case, qu'elles nettoient de fond en comble, les morceaux de bois à demi brûlés du foyer, et éteignent le feu. Puis, lorsqu'elles ont remis du bois nouveau, elles tirent des étincelles d'une pierre et allument le feu au moment où elles placent le kifonga neuf. C'est presque la cérémonie du feu nouveau.

Dans leur croyance, le kifonga préserve les villages des malfaiteurs, des animaux nuisibles et de bien des maladies, qui alors ne peuvent ni passer ni entrer.

Après avoir pris notre repas du matin, nous quittons Rio-Condé et continuons notre route jusqu'à Kémenti, où nous arrivons vers quatre heures, et où le capitaine Bethie nous reçoit avec beaucoup de cordialité ; nous y passons la nuit.

13 *avril*. — Un exprès a été envoyé hier au Gran-Man, et force nous est d'attendre ici la réponse que le messager doit nous apporter.

Je suis d'ailleurs très fatigué, et j'ai absolument besoin d'un peu de repos. Ce soleil de la rivière est lourd. Malheureusement je ne puis pas rester seul : ce sont des visites qui se succèdent sans fin; impossible d'être chez soi. On vient s'installer dans le logement que j'occupe; on s'assied sans façon et l'on demeure là des heures entières.

Les Poligoudous qui m'accompagnent sont particulièrement ennuyeux ; dix fois j'ai eu l'envie de leur dire : « Allez vous promener, ou allez vous coucher, » comme il leur plairait, mais il faut que je conserve ma gravité de Massa-Gadou. C'est d'ailleurs pour eux une fortune rare que de voir et de contempler un Baca : ce mot est dans toutes les bouches, il résonne continuellement à mes oreilles. Les Bonis disaient Massa-Gadou ; les Yucas disent de préférence Baca.

Le capitaine Béthie, que nous avons rencontré hier à Rio-Condé et qui me paraît être un fervent disciple du Cancanti, a mis sa case à ma disposition. Elle a presque un étage, et une galerie de devant assez commode : si on pouvait m'y laisser seul, ce serait bien.

Ce matin, il y a eu une naissance dans le village; c'était un garçon, et le capitaine, prévenu immédiatement, a fait tirer cinq coups de fusil en l'honneur du petit Yuca qui faisait son entrée dans le monde. Si, au lieu d'un garçon, la nouvelle accouchée avait mis au jour une fille, la poudre n'aurait pas parlé. Dans huit jours, la mère, qui ne doit pas sortir avant ce temps, prendra son enfant sur les bras et le présentera à toutes les familles du village, en commençant par le capitaine ; et chacune se fera un devoir de donner quelque chose pour la layette. C'est leur baptême.

Kémenti est le centre de quatre villages ; les trois autres, très rapprochés, sont Passy, Montpoussou et Sayé.

14 *avril*. — Le silence s'est fait hier soir vers neuf heures. Il y a ceci de particulier chez les Yucas, comme chez les Bonis, que les nuits sont employées au repos, et les jours au travail et aux conversations. Chez eux, pas plus que chez les noirs de l'Awa, on ne rencontre des coureurs de nuit. Il n'y a ni marchands de vin ni café chantant : si ce n'étaient les chiens, qui sont trop nombreux et parfois trop bruyants, ce serait parfait. Et les nuits sont ordinairement belles. C'est une vraie jouissance, après souper, de se promener seul sur le bord de la rivière, où se reflète le ciel étoilé et où les constellations semblent se mouvoir et s'agiter, jouissance que je me donne à peu près tous les soirs.

D'ici, à trois degrés de l'équateur, on peut admirer et les constellations du nord et celles du sud : le Navire, la belle Croix du Sud sont aussi haut dans le ciel que les deux Ours et Cassiopée. Cette heure choisie porte au recueil-

1. Kifonga. — 2. Fakatihi. — 3. Boussou. — 4. Haussou gadou. — 5. Bakoto gadou.

lement, et une douce mélancolie envahit peu à peu votre âme. Le silence qui règne autour de vous, les murmures de la rivière, les sons vagues de la forêt, le scintillement des étoiles, tout, jusqu'à la fraîcheur qui succède aux chaleurs du jour, contribue à dilater l'âme. *Et nox nocti indicat scientiam.*

La nature entière devient un instrument dont les cordes vibrent sous les doigts tout-puissants de Celui qui est la source de toute harmonie. Pénétrée de cette divine musique, de ces célestes accords, l'âme tressaille et vibre à son tour. N'est-elle pas l'instrument par excellence, la véritable harpe éolienne destinée à reproduire tous les sons divins? Ah! à ces moments délicieux, on n'a pas besoin de faire des efforts pour trouver Dieu : tout le chante autour de vous, au-dessus de vous, en vous, et s'empare de toutes les puissances de votre être. C'est l'heure par excellence de la prière.

XIX

A KÉMENTI. — TROIS VIEUX CAPITAINES. — DEUX *OUBIAS*
— BAPTÊME D'UNE VIEILLE FEMME MOURANTE. — ALBINOS. — LÈPRE
ET ÉLÉPHANTIASIS. — SERPENTS

En compagnie du capitaine Bethie, d'Apatou et des notables du village, nous visitons successivement ce matin les quatre villages : Kémenti, où nous sommes, Sayé, Passy et Montpoussou. Les capitaines de Passy ou Passi et de Montpoussou, comme celui de Kémenti, sont des vieux de la vieille. Le premier est coiffé d'un chapeau qui date sûrement du premier empire, et orné d'une chemise de couleur.

Le deuxième, à mon arrivée, se drape majestueusement dans une longue robe de chambre, à l'exemple du capitaine Bethie. Tous les trois datent de l'Ancien Testament, leurs âges réunis ne doivent pas donner moins de deux cent cinquante ans : c'est le pouvoir patriarcal; et ce n'est pas celui qui a le moins d'autorité et qui est le moins respecté. A voir comment tout leur est soumis et comment tout s'incline devant eux, on comprend que chez ces peuples la vieillesse est vraiment honorée. Ils me manifestent une grande déférence, et ont pour moi toutes sortes d'égards;

Kémenti. — Case du Capitaine Béthie.

je leur offre du tabac à priser, qu'ils reniflent avec une satisfaction visible.

Tous les Yucas, comme tous les Bonis, fument et prisent quand ils ont du tabac, mais ils prisent d'une manière différente de la nôtre. Ils font macérer du tabac dans un peu d'eau contenue dans un petit vase, un coquetier, un verre à liqueur, un pot où il y a eu de la pommade. Après avoir pressé le tabac avec le pouce, ils versent cette eau dans le creux de leur main et l'aspirent avec force; puis ils se bouchent le nez, afin que le liquide reste plus longtemps en contact avec les parois des fosses nasales. C'est une manière comme une autre d'absorber de la nicotine. Ils usent ainsi du tabac sous les trois états : solide, liquide et gazeux.

Dans notre visite de Montpoussou, nous rencontrons un oubia (Opete-Gadou) qui ne répond pas à mon *aïdio* (bonjour). Il prononce quelques paroles accompagnées de gestes, qui me prouvent combien je lui suis peu sympathique. Comme dit le docteur Creveaux dans sa relation, c'est peut-être jalousie de métier, car, chez eux, le prêtre est toujours médecin et réciproquement.

Aussi, pendant que les mères m'apportent leurs enfants, pour que je leur impose les mains et me demandent de la pluie, les malades arrivent de tous les points du village, convaincus que j'ai des remèdes pour toutes les maladies, et ma pharmacie est presque épuisée! Pour les bobos, je me sers du baume du commandeur; pour les blessures, d'acide phénique; pour les maux de dents, de laudanum. Je traite les douleurs avec de l'eau sédative et du tafia camphré; aux fiévreux, j'administre de la quinine; aux dysentériques, du sirop d'ipéca. Cela explique suffisamment la conduite de l'Opete-Gadou (Tigre de Dieu) à mon égard : je lui enlève évidemment sa clientèle. J'ai sur lui cet avantage que je ne fais pas payer mes remèdes et mes consultations par du *sopi* (eau-de-vie); bien au contraire, j'en donne quelquefois comme médicament, et vous pouvez croire que ce n'est pas le moins apprécié, surtout lorsque, au lieu de l'employer en friction, je l'administre à l'intérieur.

Quoi qu'il en soit, je vais lui faire expier sa conduite à mon égard; et une occasion favorable ne tardera pas à se présenter.

En effet, pendant notre visite des cases, le second capitaine, une connaissance de Joseph et d'Apatou, nous annonce que sa mère est gravement malade et nous prie de venir la voir. Arrivé près d'elle, je trouve une pauvre vieille qui se meurt. Lui conférer le saint baptême, c'est la première pensée qui me vient. Je la manifeste aussitôt, mais on me répond, par Apatou, qu'il faut l'autorisation du Gran-Man. Sans me déconcerter, et après avoir fait un signe à Apatou, je demande qu'on m'apporte de l'eau. Lorsque le couï est entre mes mains, j'en avale une gorgée, j'offre ensuite le couï à Apatou qui boit aussi. Puis, reprenant le vase, je me penche vers la malade; je lui lave d'abord les mains avec cette eau, ainsi que la tête, et enfin je lui en verse sur le front, en disant à voix basse : « Je te baptise, etc. »

Personne n'y avait rien compris, pas même mon oubia, qui se trouvait là et qui remplissait très consciencieusement son métier en agitant son *sacca* et son *aouidia,* et faisait entendre des sons inarticulés ressemblant, à s'y méprendre, aux cris des animaux.

La case était pleine de monde et il y en avait en dehors : les trois capitaines étaient présents. C'était le moment d'administrer à mon honorable confrère la leçon qu'il avait méritée. Me tournant donc vers lui, je lui adresse à très haute voix, ces paroles qu'Apatou a soin de traduire :

« Mon ami, quand quelqu'un vous salue, ne serait-ce

qu'un enfant, il faut lui rendre son salut : agir autrement, c'est malhonnête. Si vous m'aviez salué le premier et que je n'eusse pas répondu, auriez-vous été content? C'est donc une grossièreté que vous avez faite à Massa-Gadou et au Baca qui vient vous visiter. Vous êtes Opete-Gadou, ce n'est pas une raison pour être ours. »

S'apercevant bien vite que les rieurs n'étaient pas de son côté, il balbutie quelques excuses que j'accepte.

Nous revenons avec des œufs, de la cassave, des figues-bananes, etc. Une foule de monde et une nuée d'enfants, de quoi remplir deux écoles, nous accompagnent; ils me pressaient de tous côtés, après que la première crainte eut été dissipée. *Baca, Baca!* Tous voulaient voir et toucher le Blanc.

Le messager expédié hier à Pokéti (Piket) est arrivé dans l'après-midi. Le Gran-Man me salue et m'assure qu'il est très heureux d'apprendre mon arrivée à Kémenti; il me prie d'attendre encore un jour pour qu'il puisse prévenir les capitaines et leur donner l'ordre de se rendre au chef-lieu et au siège du Grand-Tribunal, pour me recevoir. Au fond, je ne suis pas fâché de ces retards qui me permettent de mieux étudier les us et coutumes des Yucas et aussi de me reposer. Je suis ici au milieu d'une nombreuse population, cinq ou six cents âmes, et au cœur de la peuplade.

Il n'en est pas moins vrai que je demanderai au Gran-Man pourquoi tous ces retards, toutes ces lettres tous ces messages, lorsqu'un Blanc, et surtout un Massa-Gadou vient le visiter; pourquoi tous ces palabres qui n'en finissent pas, tandis qu'un Yuca peut circuler librement dans toute la Guyane française sans que personne lui demande d'où il vient et où il va.

Pendant que je trace ces lignes, un autre oubia, *Guébi-Gadou* (Corbeau de Dieu), tenant lui aussi son *sacca* dans la main droite et son *aouidia* dans la main gauche, mal blanchi sur le front autour des yeux, de la bouche, sur les bras, la poitrine, passe près de moi, allant au village Sayé chez une personne malade.

Je lui demande ce que signifient toutes ces macaqueries, et comment un grand gaillard comme lui peut ainsi faire un métier de charlatan et mendier du sopi, au lieu de travailler comme les autres. Il passe sans répondre : je n'ai pas besoin de l'envoyer au diable, car il lui appartient déjà.

Un missionnaire résidant au milieu d'eux et des écoles pour les enfants auraient bientôt raison de toutes ces superstitions. Ces pauvres peuples le comprennent eux-mêmes et le désirent. Ils sentent bien que c'est du missionnaire que leur viendra la lumière, qu'ils ne sont pas dans la vérité et que c'est nous qui la possédons. C'est donc du fond du cœur que je pousse vers Marie ce double cri : *Solve vincla reis, profer lumen cæcis.*

14 avril. — Cette population qui m'entoure est vaillante et forte. Les hommes, comme les femmes, sont robustes et bien conformés; quelques-uns sont vraiment beaux avec leur taille élevée et leurs larges épaules. Ils l'emportent en cela sur les Bonis; mais ces derniers paraissent plus intelligents et plus alertes et ont les traits de la figure plus fins.

Plusieurs voyageurs, des voyageurs en cabinet sans doute, affirment que les Yucas, comme les Bonis, sont dévorés par la lèpre et que l'éléphantiasis est très commune chez eux. Je ne veux pas affirmer le contraire d'une manière absolue, mais ce que je puis donner comme certain, c'est que, depuis que je suis au milieu d'eux, je n'ai encore rencontré qu'un lépreux (un pauvre petit enfant) et pas un seul cas d'éléphantiasis. Les pauvres êtres atteints de cette maladie sont-ils tenus à l'écart dans un lieu retiré de la forêt? S'il en était ainsi, j'en aurais eu certainement quelques indices pendant le temps que j'ai vécu au milieu d'eux.

On leur a fait aussi la réputation de voleurs; elle ne me paraît pas méritée. Dans le cours de mon excursion, je n'ai pas perdu le plus petit objet. Je n'ai cependant jamais pris aucune précaution. Le moindre vol est chez eux très sévèrement puni. A Cottica, une gourde de riz, un régime de bananes, des pistaches sont restées plusieurs jours déposées sur une pirogue, au bord de la rivière; personne n'y a touché. Aux Poligoudous nous avions laissé sous un arbre, en dehors du village, plusieurs tortues que nous ne voulions pas emporter avec nous dans l'Awa; nous sommes revenus vingt-cinq jours après, et nous avons retrouvé nos tortues où nous les avions laissées.

Je profite des loisirs que me donne le Gran-Man pour tracer, sans règle ni compas, un escalier destiné à la case du capitaine que j'habite. Celui qui s'y trouve est absolument primitif, et les marches sont à angle droit avec la crémaillère. Jugez comme il doit être commode!

Il y a ici un albinos, le premier que j'aie rencontré depuis mon départ, mais un albinos de la tête aux pieds : ses cheveux, ainsi que son corps, sont couleur de crème, un peu rosés. Il est grand, bien conformé, avec les lèvres grosses, le nez épaté et les cheveux laineux. C'est, à la lettre, un beau noir blanc.

Un garçon de dix à douze ans, que j'ai déjà remarqué depuis mon arrivée, et qui tourne autour de moi, est albinos en partie seulement. Il a la tête blanche-rosée, les yeux surtout roses et deux bandes blanches, assez semblables au scapulaire des chartreux, lui descendent devant et derrière. Est-ce l'enfant de l'albinos avec une négresse? on n'a pas pu me renseigner à ce sujet.

La vieille femme que j'ai baptisée hier vient de mourir. Le bon Dieu lui a fait une grande grâce! Elle ne sera enterrée que dans cinq à six jours.

Hier soir, en me promenant sous les grands manguiers

où j'avais fait attacher mon hamac dans la journée, j'aperçois un énorme serpent qui se dirigeait du côté de la rivière, à quelques pas de moi. J'appelle aussitôt Joseph et Apatou, en leur signalant la présence de l'ophidien. Ne les voyant pas arriver, j'en appelle d'autres. On me répond, mais personne ne bouge et ne se met en devoir de venir à mon aide. Force me fut de m'armer à la hâte d'une liane, de poursuivre le reptile et de le tuer moi-même, en présence de tous ces gens qui me regardaient faire de loin, immobiles et craintifs, et qui, mort, ne voulurent pas même le jeter à la rivière, malgré l'ordre que je leur en donnai.

C'est que, comme j'ai eu déjà occasion de le dire, le serpent est de la part de ces gens l'objet d'un culte, c'est le Yoloch des Indiens, le Vaudou des noirs d'Haïti, le mauvais génie à qui il faut offrir des présents et apaiser au lieu de l'irriter. Ils se garderaient donc bien de tuer un serpent, et même d'y toucher quand il est mort, convaincus que le Yoloch s'en vengerait tôt ou tard.

Ce respect craintif et superstitieux du serpent existe chez tous les peuples sauvages et idolâtres. Cette tradition, qui s'est perpétuée, ne peut s'expliquer que par l'existence d'une croyance primitive. Le christianisme seul donne de cette tradition universelle une explication rationnelle, et il est le seul aussi qui offre un culte, non pas à l'esprit du mal sous la forme du serpent, mais à la plus élevée et à la plus pure des créatures, celle qui lui a écrasé la tête, conformément à la parole de la Genèse : *Et ipsa conteret caput tuum*.

Et à propos de serpents, laissez-moi vous dire combien les voyageurs abusent de ce nom pour effrayer les gens et frapper l'imagination. Il en est des serpents comme des tigres. On les accuse de beaucoup de méfaits dont ils ne sont pas coupables. Les uns comme les autres n'attaquent pas l'homme, si ce n'est poussés par la faim ou

Sayé, vû du fleuve.

pour se défendre lorsqu'ils se croient attaqués, reconnaissant ainsi en lui son autorité sur toute la création. Royauté déchue, sans doute, et quelquefois contestée, mais royauté réelle.

Les serpents, comme les tigres, comme

> Tous les animaux qui s'élèvent dans l'air,
> Qui marchent sur la terre ou nagent dans la mer [1],

sont soumis à la même loi implacable : manger les autres ou être mangés par eux, et souvent l'un et l'autre. C'est la lutte pour la vie, le *struggle for life*.

Et l'homme n'échappe pas, malgré sa toute-puissance, à cette loi. Les fauves, les reptiles, les carnassiers ne sont pas ses plus grands ennemis. Il a des assassins, des persécuteurs choisis, comme pour l'humilier et lui rappeler la faute originelle, dans les rangs les plus infimes du règne animal : ce sont des vers, des insectes, des bêtes immondes, des animalcules microscopiques, que leur petitesse et leur abjection même rendent d'autant plus redoutables. Les uns pénètrent dans ses viscères, dans ses tissus les plus profonds pour les ravager; d'autres l'attaquent plus ouvertement, perçant, incisant sa peau pour boire son sang. Les microbes tuent plus d'hommes en un jour que les serpents, en leur inoculant par leurs morsures un venin mortel, n'en font mourir en un siècle.

Mais revenons à nos moutons, c'est-à-dire à nos serpents.

Il y en a beaucoup dans la Guyane, et de bien des espèces. Il faut d'abord nommer la grande couleuvre ou le boa d'Amérique, à la robe splendide et aux proportions énormes, quatre, cinq et six mètres de longueur, attaquant quelquefois le maïpouri ou tapir, le broyant sous ses

---

[1] Boileau.

anneaux resserrés et l'engloutissant tout entier après en avoir fait une masse informe.

Puis viennent les différentes espèces de vipères (*vivipara*, ou plutôt *ovovivipara*, car les petits éclosent dans le ventre de leur mère), qui sont très nombreuses et très répandues. Citons-en quelques-unes : les elapss (*coluber coralinus*), qu'on appelle vulgairement serpent corail, les crotales (κρόταλον), ou serpent à sonnettes, les trigonocéphales, les bothrops, communément appelés fer de lance ou vipère jaune, si commune à la Martinique.

La piqûre de la plupart de ces vipères est dangereuse, mais les accidents sont beaucoup plus rares que ne se plaisent à le raconter les voyageurs.

Pendant mon séjour de près de dix ans à la Guyane, je n'ai jamais entendu dire que quelqu'un fût mort des suites de la morsure d'un serpent. Il n'en est pas de même à la Martinique, où les statistiques donnent le chiffre de deux cents personnes piquées du serpent chaque année et une cinquantaine de décès sur une population de cent soixante mille âmes.

L'appareil venimeux de ces dangereux reptiles présente tous les caractères de celui des vipères d'Europe, à savoir : deux glandes sous-orbitaires avec réservoir, communiquant par un canal excréteur avec les crochets tubulés placés en avant de chaque côté de la mâchoire supérieure. Ils ont des crochets de rechange destinés à remplacer, chaque année probablement, les deux crochets en exercice.

Pendant mon séjour à la Martinique, on m'apporta un jour un énorme trigonocéphale de deux mètres de long. L'ayant disséqué, nous trouvâmes, à la mâchoire supérieure, huit crochets de chaque côté, couchés les uns sur les autres, d'avant en arrière; les deux plus grands en communication avec les glandes, les premiers en avant et les deux plus petits en arrière. Je les recueillis dans une boîte.

Les deux glandes pouvaient renfermer de deux à cinq grammes de venin.

Avant de clore ce chapitre sur les serpents, qu'on me permette de raconter un fait qui montrera, non pas quels sont les effets de la morsure d'un serpent, mais quels peuvent être les effets de la vue d'un serpent. Ceci s'est passé encore à la Martinique. Un jour M. Z..., un de nos excellents voisins, avait tué, dans une petite ravine située sur sa propriété attenante à notre établissement, une énorme vipère jaune (*bothrops lanceolatus*). Heureux de sa victoire, il arrive triomphant à la maison, portant l'affreux reptile suspendu au bout d'un bâton et la gueule béante. Mme Z..., qui se trouvait à cette époque dans un état intéressant, fut vivement impressionnée à la vue de ce serpent, et surtout de cette gueule si complètement et si démesurément ouverte. Quelques mois après elle accouchait d'un enfant superbe, mais à qui il manquait les deux amygdales, et dont le fond de la bouche ressemblait à celui de la gueule du terrible fer de lance. Jusqu'à l'âge de sept ou huit ans, l'enfant, d'une force et d'une vigueur exceptionnelle, ne pouvait articuler une syllabe. En ce moment, devenu grand, il parle, mais difficilement et d'une manière très défectueuse.

Quels sont les moyens à employer pour se préserver de la morsure des serpents ou pour en neutraliser les effets? Il y a d'abord les remèdes empiriques, auxquels je conseille de ne pas trop se fier. Parmi ceux-ci il faut citer le guaco (*mikonia guaco*), dont les Indiens se servent non seulement contre les effets du venin, mais comme d'un préservatif contre la morsure même de ces reptiles. On avale quelques cuillerées du suc de cette plante. On pratique ensuite six incisions, deux aux pieds, deux aux mains entre les doigts, deux sur les parties latérales de la poitrine, et on fait couler de ce suc dans les blessures, qu'on frotte en dernier lieu avec la feuille de cette plante.

A la Martinique, les *panseurs* se servent de la même manière de la plante qu'on appelle *herbe carrée*.

La science, et avec raison, conseille d'autres moyens qui me paraissent beaucoup plus sûrs. Le premier est de prévenir ou d'arrêter l'absorption du venin. Pour cela il faut immédiatement pratiquer une forte ligature au-dessus de la plaie, l'ouvrir au moyen d'un instrument tranchant et la sucer, puis la brûler au moyen d'un caustique, pierre infernale, alcali volatil, ou d'un fer quelconque rougi au feu. Dans l'empire du Brésil, on se sert avec succès du permanganate de potasse au 100me, que l'on introduit dans la circulation au moyen d'injections sous-cutanées, comme on le fait avec la morphine.

XX

RÉCEPTION A PIKET. — GRAND CONSEIL AU SUJET DE L'ÉTABLISSEMENT D'UNE MISSION. — BELLES PROMESSES DU GRAN-MAN. — SON POUVOIR ABSOLU. — INVITATION A DÉJEUNER. — CADEAUX. — LE VILLAGE DE PIKET

15 *avril*. — A Piket, deux heures après midi. Ouf! sept quarts d'heure de palabre en plein midi avec tout l'appareil qu'apporte à ces choses l'illustre peuplade des Yucas! J'éprouve, en ce moment, ce que doivent éprouver ceux qui sortent d'une séance de l'un de nos parlements d'Europe. Mais me voici délivré et assis dans mon hamac, que l'on a suspendu dans la case qui m'est destinée : je respire à pleins poumons, en traçant ces lignes à la hâte.

Partis à sept heures du matin de Kémenti, nous sommes à dix heures à deux ou trois milles de Piket, sur une petite île où nous descendons pour prendre notre repas du matin. C'était prudent, car ici on ne commence pas, comme nos pères d'autrefois, à offrir au voyageur à boire et à manger. On le régale tout d'abord d'un ·palabre ; on parle, puis on parle encore. Cela ne finit pas. Deux canots de Kémenti nous accompagnaient. Après nous être restaurés et avoir fait un peu de toilette, nous annonçons notre arrivée par quelques coups de fusil, et nous nous mettons en marche. Le pavillon français flotte à l'arrière de notre pirogue ; aussitôt que nous sommes aperçus, des détonations, auxquelles nous répondons, partent du rivage. Elles se continuent jusqu'au moment où nous touchons au débarcadère ; là une députation de cinq hauts dignitaires nous attendait.

Après les premiers saluts, un peu embarrassés, ils nous conduisent solennellement dans la salle du Grand-Conseil, carbet assez vaste d'une dizaine de mètres de longueur sur autant de largeur. Devant le palais législatif ou palais de justice, selon le cas, car c'est là que siège le tribunal suprême, flotte, fixé à un mât élevé, le pavillon batave. Au milieu du carbet, est une petite table recouverte d'un tapis (mouchoir) et autour de laquelle il y a trois sièges, une chaise et deux banquettes recouvertes également de mouchoirs.

Le Gran-Man Osseissé en grande tenue : lévite militaire hollandaise avec épaulettes vertes, un hausse-col suspendu sur la poitrine, un chapeau noir à haute forme avec galons et cocarde sur le côté, des galons sur les manches, un pantalon blanc avec liseré rouge et de fines chaussures, s'avance gravement au-devant de moi. C'est un noir de haute taille, jeune encore et à la figure... ni bonne ni mauvaise. Je suis coiffé d'un salako, et j'ai mis mon manteau de religieux, qui est mon véritable manteau d'honneur.

Après les saluts d'usage, nous sommes introduits dans la salle du Conseil. Le Gran-Man, m'ayant offert la chaise, prend un des banqui et offre l'autre à Apatou. Autour de la salle, une double rangée de grands officiers et de hauts dignitaires : la plupart d'entre eux ont, outre le calimbé, une chemise en général un peu courte, ou le pangui. Je reste couvert, et tous ceux qui ont des chapeaux suivent mon exemple : c'est l'étiquette.

Gran-Man des Yucas et sa cour.

C'est un vrai petit sénat romain en noir que ce Grand-Conseil, avec leurs chaises curules. Je ne sais pas si la chaise curule était la propriété de chaque sénateur romain ; mais ce que je sais bien, c'est qu'ici chaque sénateur possède sa chaise en toute propriété, et l'apporte avec lui, d'aussi loin qu'il vienne, absolument comme papa Amanpa. Il y en a de fort jolies et d'artistement travaillées, je vous assure ; ils attachent une très grande importance à leur banqui, qu'ils considèrent comme un meuble indispensable, signe de leur dignité.

La séance commence, et mon cher Apatou, qui connaît son monde et qui, afin d'être à la hauteur du rôle qu'il a à remplir, a avalé un œuf cru pour rendre sa voix plus claire et plus sonore, est prêt.

Je prends le premier la parole, et je développe successivement tous les lieux communs : *ubi, quo, quâ, unde, quibus auxiliis*, etc., ce que j'ai été, ce que je suis, d'où je viens, où je vais, où je veux aller, les moyens que je me propose d'employer, etc., insistant en particulier sur les motifs de mon excursion, déjà indiqués dans ma lettre du 1er mars, qui avait eu tant de peine à arriver à son adresse.

Après chaque point un peu important de mon discours et qu'Apatou traduisait, en commençant invariablement chaque fois par ces mots : « *A taqui, Gran-Man* (écoutez, Gran-Man) », tous ceux qui occupaient le banc des ministres (c'est une manière de parler) se levaient et sortaient de la salle. Après avoir conféré ensemble sur ce qu'ils venaient d'entendre, ils rentraient, et l'un d'eux, ordinairement l'oncle d'Osseissé, noir à la figure intelligente, prenait la parole et donnait le résultat de la délibération.

Après bien des objections, bien des questions auxquelles Apatou avait victorieusement répondu, en se servant de toutes les ressources de son éloquence, le Gran-Man se lève, et, au nom du Conseil et en son propre nom, s'exprime à peu près en ces termes :

« Les Yucas sont très honorés et très flattés de la visite que leur fait le Baca, Massa-Gadou. Le Baca a toute liberté de circuler dans ses États, et partout Massa-Gadou peut y exercer son ministère.

« Quant au dessein que les missionnaires ont de fonder un établissement chez les Yucas pour leur apprendre à connaître Dieu et leur apporter la lumière (cette dernière expression le frappe beaucoup et Apatou la traduit fort bien), il ne peut nous donner une réponse définitive à ce sujet parce qu'il n'a pas encore reçu l'investiture de Surinam, de qui il dépend ; mais lui et ses capitaines seront très heureux d'avoir au milieu d'eux des missionnaires pour instruire leurs enfants et leur apprendre les choses des blancs. »

Je remercie le Gran-Man en lui tendant la main, et, me levant, ainsi qu'Apatou, nous quittons la salle pour venir prendre possession de l'haussou qui nous était destiné.

Cependant le palabre continue jusqu'à quatre heures. Le Gran-Man, en sortant du conseil, vient me rendre sa visite, accompagné de ses principaux officiers, en qui je n'ai pas une confiance illimitée, car je les ai bien examinés pendant la séance. Avant que les représentants de la nation se dispersent, Apatou leur offre un verre de sopi en mon nom ; chacun d'eux reçoit le verre avec les deux mains.

On reçoit tout à deux mains ici, comme chez les Bonis ; puis on fait un petit salut qui consiste à ployer un peu le genou et à frotter la terre avec les pieds d'avant en arrière. Un certain nombre d'entre eux ont soin, avant de boire, de répandre quelques gouttes de liquide à terre ; c'est, dit-on, leur offrande au Gadou.

Le Gran-Man se montre très aimable ; il revient le soir causer avec nous, et je l'invite à déjeuner pour le lendemain. Il m'accompagne dans la visite que nous faisons au village.

Notre réception à Piket.

C'est depuis peu qu'Osseissé est revêtu de l'autorité suprême. Il a vécu auparavant quelques années à Surinam ; là on est venu le chercher pour l'élever à cette haute dignité, qu'il doit en partie à l'influence et à l'habileté de son oncle. Le Gran-Man des Boschs, comme celui des Bonis, a une autorité sinon incontestable, au moins incontestée et absolue ; tout lui est soumis et tout lui obéit. On ne s'imagine pas jusqu'où peut aller cette obéissance. Il expédie ses ordres dans tout le Tapanaoni, et les capitaines, les simples sujets, les exécutent comme le soldat du centenier de l'Évangile, avec la même ponctualité, sans mot dire et en tremblant.

Aucun canot ne peut monter ou descendre la rivière sans son autorisation. Pour faire baptiser un enfant, un vieillard, il faut sa permission ; c'est lui qui désigne ceux qui doivent aller travailler à Mana, le temps qu'ils doivent y rester, etc. Il a le droit de haute et basse justice, à la seule condition qu'il prenne l'avis de son Conseil.

16 avril. A Piket. — Son Excellence le Gran Man nous a fait l'honneur de déjeuner aujourd'hui avec nous. Il n'a pas voulu toucher à la poule que Joseph nous avait préparée, sans doute par crainte ou respect. Son embarras était visible, lorsque nous lui avons offert des asperges, dont j'avais apporté deux boîtes avec moi ; Apatou est venu à son aide et lui a montré comment on s'y prenait pour les manger.

Après le repas, je lui ai offert un fusil Lefaucheux à percussion centrale, avec un couteau de chasse, quelques mètres d'indienne et un collier pour sa femme. Il ne s'attendait pas à une pareille largesse de ma part. « Ce cadeau, lui ai-je dit, vous vient de M. le gouverneur de la Guyane française ; celui de Surinam vous en donne-t-il autant ? »

Entre la poire et le fromage (c'est une manière de parler, car il n'y avait sur notre pauvre table ni poire ni fromage), je lui ai exposé, avec des précautions oratoires, bien entendu, tous les griefs que j'avais contre les Yucas en général et contre lui en particulier : leur défiance à l'égard des blancs, mais surtout à l'égard des Français et de Massa-Gadou, les obstacles que l'on rencontre pour venir les voir, les difficultés qu'ont faites les Poligoudous avant de nous laisser pénétrer dans le Tapanaoni, etc.

Il a répondu que ces entraves ne venaient pas de lui, mais de ses capitaines, qui voulaient faire du zèle; que ce matin même, en plein conseil, il leur avait dit combien il était mécontent de la conduite qu'on avait tenue à notre égard, qu'il entendait que partout nous fussions bien reçus, que pleine et entière liberté devait nous être laissée de circuler et d'exercer notre ministère.

Piket n'est pas la résidence du Gran-Man; il n'a ici qu'un pied-à-terre. Son habitation est plus haut, à deux ou trois heures d'ici, à Dri-Tabiki (Trois-Ilets). Nous irons jusque-là, si c'est possible.

Je l'ai engagé à rester à Piket jusqu'à dimanche, pour assister à la messe; il me l'a promis. « Le Gran-Man des Bonis a reçu le baptême, lui ai-je dit; pourquoi n'imitez-vous pas son exemple? » Et, en lui demandant s'il irait à Kio-Condé en pèlerinage auprès du Kancanti, je lui ai fait comprendre que c'était un devoir pour lui de détruire ces superstitions qui déshonoraient les Yucas. Il me répond que j'ai bien raison, et dit oui à tout. Mais il y a loin de la coupe aux lèvres, et je sais que mes Yucas ne disent pas toujours ce qu'ils pensent et ne pensent pas toujours ce qu'ils disent.

Au premier aspect, Piket paraît être un des plus grands villages des Boschs; mais il a beaucoup perdu de son ancienne splendeur; c'est un vieux village qui tombe. Il est le seul qui soit construit sur une hauteur : deux collines séparées par un ravin. C'est sur leurs flancs et jusque sur leurs sommets que sont échelonnées les cases, formant ainsi deux grands hameaux. Comme tous les villages du Maroni, il est placé sous le vent, c'est-à-dire sur les deux versants ouest; décidément ce monde n'aime pas le vent d'est. Son importance lui vient de ce qu'il reste le siège du Grand-Conseil et du Tribunal suprême. Il est entouré de beaux maripas (palmiers), qui donnent de superbes régimes de fruits dont le bulbe est fort délicat et dont le noyau produit une huile très appréciée. Le riz ou une tortue préparés avec l'huile ou la graisse du Maripa (car elle se fige au-dessous de 40°), sont des mets agréables.

Ici on a un peu de tout, comme chez les Bonis; mais aucune culture spéciale : du manioc et du riz pour leur usage, quelques pieds de cafiers qui viennent tout seuls (café d'ailleurs excellent), du maïs qu'ils mangent rôti, lorsqu'il est encore tendre, des patates et des ignames avec quelques tailloves ou choux malanga. Comme fruits, et ils en font bien peu de cas, ils ont la plupart de ceux qu'on trouve dans les pays chauds; on y voit des manguiers, des orangers, des citronniers, le papayer, un grand nombre d'espèces de palmiers, dont les principaux sont le cocotier, le maripa, dont on mange le chou en salade, des comous, des awaras, des paripous, etc., enfin les pastèques et les pistaches, dont ils sont friands.

XXI

DÉPART. — SINGA-MASSOUNA. — FUNÉRAILLES. — MÈRES ET ENFANTS. — MARIAGES. — ÉTAT DE LA FEMME.

17 *avril.* — Volte-face complète aujourd'hui. La nuit porte conseil : le Gran-Man est obligé de partir précipitamment pour Dri-Tabiki, où l'appellent des affaires urgentes; il ne pourra donc pas rester pour la messe demain. Puis il me sera difficile de monter, parce que les sauts sont mauvais, et il ne pourra pas être à ma disposition et faire les honneurs de la maison pendant le temps que je serai à Dri-Tabiki, où il aurait été si heureux de me conduire, comme il me l'avait promis.

Tout cela m'est dit à l'ombre d'un grand manguier où je me suis assis pour prendre des notes et un croquis; je comprends bien, et ne me montre pas précisément de bonne humeur. Malheureusement, Apatou, soit par déférence, soit par crainte de l'autorité, abonde un peu dans ce sens et semble prendre au sérieux les raisons d'Osséissé, qui ne sont pas des raisons, mais des prétextes. Force m'est donc de renoncer à mon projet de visiter les six ou sept villages en amont de Piket, que je n'ai pas encore explorés. J'en manifeste mon mécontentement en ne répondant pas un seul mot et en écrivant sur mon album pendant qu'ils parlent; puis, au bout d'un moment, je les laisse sous le manguier, et je me retire dans ma case, comme Achille sous sa tente. Le Gran-Man est embarrassé; il s'en va à son tour, et dit à Apatou qu'il reviendra me dire adieu avant de partir.

Le véritable motif qui lui fait manquer à sa parole et me refuser de monter à Dri-Tabiki, c'est que, outre qu'il n'a pas grand'chose à m'offrir et à peine un haussou pour me recevoir, il ne se soucie pas que le Baca dépasse Piket et visite les villages qui sont au-dessus de ce qu'il appelle ridiculement sa capitale, et c'est son conseil, surtout les trois notables qui l'entourent, qui l'ont poussé à ne me pas laisser aller plus loin.

Bien plus, je n'ai pas encore pu avoir le moindre renseignement sur le nombre, l'importance et l'étendue de ces villages; je suis donc moins heureux que le R. P. Kraenner, qui est le seul blanc peut-être qui ait pu monter jusqu'à Dri-Tabiki, en 1863.

Au fond, je ne tiens pas autant que je parais le manifester à monter jusqu'au dernier village. Chez les Yucas, comme chez les Bonis, ils se ressemblent tous, et j'en ai déjà visité douze. Nous entrons dans la grande semaine, et je ne suis pas non plus sans me sentir fatigué. Je voudrais, pour le moins, célébrer la fête de Pâques chez Apatou, qui demande lui-même à revoir son village de Saint-Bernard. Demain il y aura deux mois que j'ai quitté Saint-Bernard; je me décide donc à redescendre, et immédiatement je donne des ordres pour qu'à deux heures nous soyons prêts à partir.

Piket, d'ailleurs, est aussi triste que possible; on y parle beaucoup, mais on y mange peu. Tandis que dans tous les autres villages les vivres abondent, ici on ne nous apporte pas une cassave.

Osséissé revient pour prendre congé et me faire ses adieux. Je ne me dérange pas et continue à faire mes préparatifs de départ. Il m'apporte un peu de café que je ne daigne pas recevoir. Ce n'est que lorsque j'ai terminé que je lui dis, par l'intermédiaire d'Apatou : « Je remercie le Gran-Man de la manière dont il m'a reçu, je ne l'oublierai pas quand je serai arrivé à Cayenne. »

18 *avril. Dimanche des Rameaux.* — Nous avons quitté Piket, hier, à deux heures, aussitôt après le départ du Gran-Man, pour venir célébrer Pâques fleuries à Singa-Massouna, un bon village où le capitaine, parent d'Apatou, nous avait bien recommandé de nous arrêter. Je désirais d'ailleurs assister aux funérailles de la vieille que j'avais baptisée à Monpoussou et bénir ses restes mortels, puisqu'elle était morte en chrétienne... et c'est toute une histoire que les funérailles chez les Boschs et les Bonis.

Aussitôt qu'une personne a rendu le dernier soupir, on l'annonce par un coup de canon. Presque tous les villages en possèdent au moins un, pris autrefois aux Anglais et aux Hollandais, qui les pourchassaient jusque dans leurs retraites de l'Awa et du Tapanaoni. Ce coup de canon est suivi de décharges de mousqueterie et de roulements de tamtam ; la même chose a lieu au lever et au coucher du soleil. A ce signal entendu de très loin, on accourt de tous côtés.

A Monpoussou, où nous avons été ce matin, j'ai trouvé des Yucas que j'avais vus dans l'Awa, à trois journées de distance. Le village est encombré d'hommes, de femmes, d'enfants venus, depuis mercredi, de tous les villages environnants. Presque tous, outre le cameza, le calimbé, le panga, portent autour de la tête un mouchoir blanc en forme de couronne et en signe de deuil. Aussitôt qu'ils arrivent, ils vont rendre visite aux parents du défunt, s'assoient à côté d'eux et pleurent avec eux.

Monpoussou. — Funérailles de la vieille femme baptisée par le missionnaire.

Les dépenses qu'a à supporter la famille sont considérables et peuvent s'élever quelquefois à un ou même à deux milliers de francs, car il faut nourrir tout ce monde et l'abreuver pendant cinq, six, sept et huit jours. Il est vrai que chacun se fait un devoir de contribuer à la dépense en apportant de la poudre, du sopi, du vin, des liqueurs, de la cassave; mais qu'est-ce que cela pour cinq cents personnes?

Quelques heures après la mort, on dépose le cadavre dans un cercueil qui ressemble à peu près à nos cercueils en acajou, sauf qu'il est de plus grande dimension. On le place ensuite dans un carbet ouvert, orné de feuillages, de tentures, de lampes, et il y reste exposé jusqu'au moment où il est porté au cimetière, ordinairement éloigné de plusieurs kilomètres.

Trois fois par jour, le matin, à midi et le soir, des hommes prennent le cercueil sur la tête et le promènent dans tout le village. A la nuit tombante commencent les danses, qui se continuent toute la nuit pour ne cesser qu'au soleil levant. Voilà cinq jours que cela dure, et l'enterrement n'aura lieu que demain dans l'après-midi. Plus de cinquante pirogues l'accompagneront. Apatou me dit que dans certaines familles on célèbre l'anniversaire de la mort des parents par quelques cérémonies funèbres, avec l'accompagnement indispensable de toute cérémonie, les danses.

Les Yucas croient à une autre vie, mais ils seraient bien embarrassés de dire en quoi elle consiste.

19 avril. — Nous sommes arrivés à Nikéri à trois heures, après nous être arrêtés un instant en passant à Kémenti, Monpoussou, Masayébi, que nous avions déjà visités en montant. C'est le village où est né Apatou, et, pour répondre aux sollicitations qui nous sont faites, nous allons y passer la nuit. Ici, comme dans les autres villages, à l'exception de Piket, nous sommes reçus avec les marques de la plus vive satisfaction. C'est à qui nous offrira sa haussou pour dormir et nous apportera des aliments.

Les *mamas* me présentent leurs enfants pour que je les bénisse, et elles sont nombreuses. Elles ne les tiennent dans leurs bras (jamais sur le bras) que pendant les cinq ou six premiers mois. Arrivé à cet âge, l'enfant est porté sur la hanche, sur laquelle il se tient à califourchon, soutenu, au milieu du corps, par le bras de la mère. Quand elles sont en marche ou qu'elles veulent travailler, elles le placent sur leur dos dans un morceau d'étoffe, un cameza, qu'elles nouent sur leur poitrine.

Cette manière de porter les enfants paraît être commune à tous les peuples non civilisés. On l'observe, en effet, chez les Coolis, chez les Peaux-Rouges, et jusque chez les Bohémiens ou Gitanos. Il semble qu'il n'y ait que les nations chrétiennes chez lesquelles les mères portent leurs enfants sur le bras. Là où la civilisation n'a pas pénétré, l'enfant n'a pas de berceau. Jusqu'à ce qu'il soit sevré, c'est-à-dire jusqu'à deux ans et quelquefois plus, son hamac est le hamac de sa mère. Elles semblent pourtant affectionner beaucoup leurs enfants.

La maternité, d'ailleurs, chez eux est en grand honneur, tandis que la stérilité est considérée comme une honte et un châtiment.

Dans plusieurs villages, à Cottica en particulier, il y a des haussous construites exprès pour les femmes en couche, réunissant toutes les conditions de salubrité qu'exige leur état.

Quant à la question de la pluralité des femmes, s'il se présente des cas de ce genre, je ne crois pas qu'ils soient très communs. Cela coûte cher, du reste, et demande une somme de travail dont ils ne sont guère

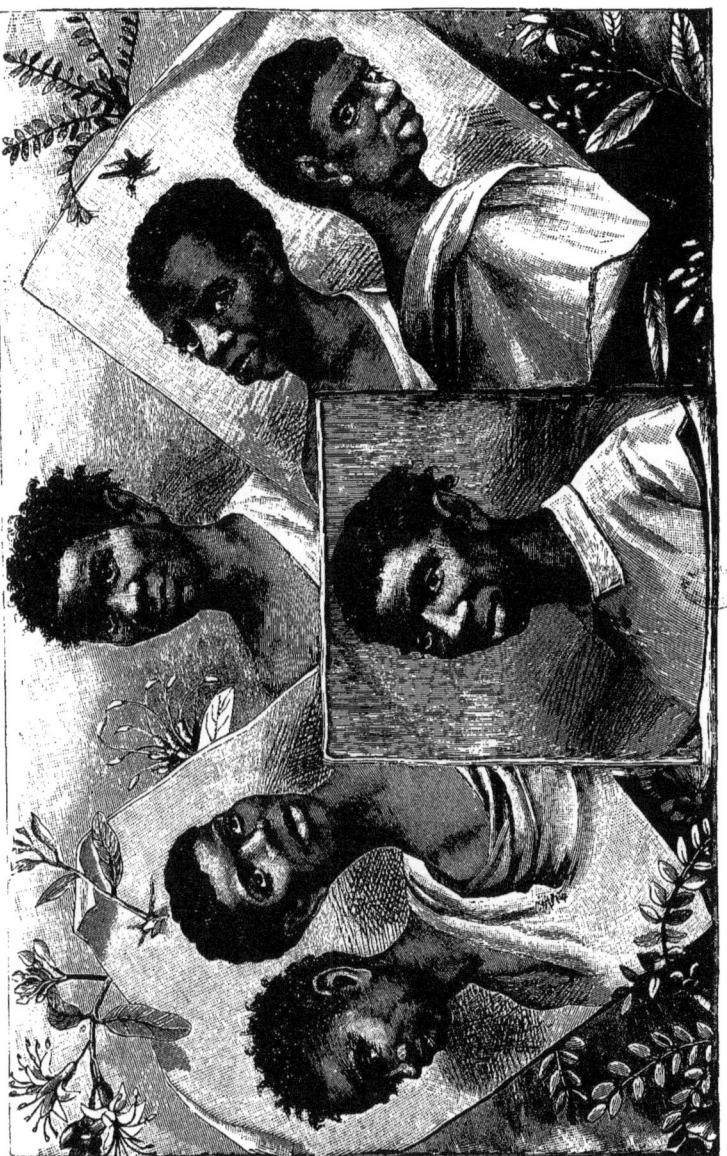

Types jucas.

susceptibles. A chaque femme, il faut faire un abatis et construire une case : c'est donc un luxe que peu ont le courage de se donner. Ce qui est beaucoup plus commun que la polygamie simultanée et rentre davantage dans leurs habitudes et leur caractère, c'est la polygamie successive. Ils se séparent avec la même facilité qu'ils s'unissent, pour le plus léger motif, et chacun, d'un commun accord, la plupart du temps, reprend sa liberté, avec la faculté de contracter une nouvelle union. Ils ignorent la loi Naquet, mais il y a longtemps qu'ils la mettent en pratique, et je suis étonné que le promoteur de la loi du divorce n'ait pas cité ces exemples dans son exposé des motifs.

Quoi qu'il en soit de ces unions libres, dans la pratique, ils n'ont pas moins une grande idée des unions où tous les enfants naissent du même couple. Celles-là seules sont véritablement honorées, et ils les considèrent comme le plus beau titre de noblesse.

Chez les Yucas, comme chez les Bonis, je n'ai pas remarqué cet état d'infériorité, cette espèce d'esclavage de la femme que l'on rencontre en Afrique. Elle m'a paru être autant la compagne et l'aide de l'homme que son esclave et sa servante. Lorsqu'elles avancent en âge, le respect qu'ils portent à la vieillesse s'unit au respect de la mère, de telle sorte que les femmes âgées, non seulement sont environnées de soins, mais elles deviennent comme les oracles et les prêtresses du village. C'est ce que j'ai constaté pendant tout mon voyage. Hélas! il en est tout autrement dans nos colonies : car rien n'est plus commun que l'abandon et le mépris dans lesquels sont laissées de pauvres mères âgées et infirmes par d'ingrats enfants pour qui elles ont tout sacrifié.

On nous a servi pour notre souper de la tortue avec

du riz, préparés avec de l'huile ou plutôt de la graisse de maripa. Le tout est très appétissant et nos hommes s'en régalent. Pour moi, je dois me contenter d'un peu de bouillon : c'est la seule chose que puisse supporter mon estomac fatigué.

XXII

CALENDRIER. — BAPTÊMES. — MARIAGES. — PÊCHE AVEC LE ROBINIA-NICOU.
— RENTRÉE A SAINT-LAURENT

20 avril. — Ce matin, à huit heures, nous nous sommes éloignés de Nikéri, dont toute la population est venue jusqu'aux pirogues nous donner son dernier *Vaca-bouillé* : bon voyage. Les adieux sont moins gais que l'arrivée. On sent que ces braves gens regrettent de nous voir partir. J'éprouve moi-même quelque chose d'indéfinissable. C'est une séparation, et dans toute séparation il y a un fond de tristesse. La vie n'est-elle pas elle-même une perpétuelle séparation !

Nous descendons à Tabiki pour déjeuner. Dans quelques heures nous serons de nouveau chez les Polygoudous.

Tabiki ou l'Ilet est le premier grand village que l'on rencontre en entrant dans le Tapanaoni. A l'extrémité du village se trouve un magnifique fromager dont une centenaire est la prêtresse. On ne passe pas sans aller la saluer. Elle insiste pour que nous demeurions la nuit à Tabiki-Condé (*condé* veut dire village); mais nous ne le pouvons pas. On nous apporte un tapir qu'on a tué hier et qui pesait au moins deux cents livres.

Je demande à la vieille bonne femme quel est son âge ; elle me répond :

« Comment peut-on se rappeler le jour où on est né ! »

Je lui demande si elle sait compter ?

Elle le fait jusqu'à vingt.

Les jours de la semaine sont désignés sous les noms de premier jour de travail (lundi), deuxième jour de travail (mardi), etc..; les mois de l'année, par les noms de première lune, deuxième lune, troisième lune, etc. Leur martyrologe est très court et ne renferme aucun nom de saint. Il n'y a pas de nom de famille, mais un unique prénom.

Les noms dépendent du jour de la semaine où l'enfant est né. Un garçon qui vient au monde

le Dimanche, s'appelle	*Couachi*,	une fille	*Couachiba* ;
le Lundi,	—	*Codio*,	—	*Adiouba* ;
le Mardi,	—	*Couami*,	—	*Abéniba* ;
le Mercredi,	—	*Couacou*,	—	*Acouba* ;
le Jeudi,	—	*Yao*,	—	*Yaba* ;
le Vendredi,	—	*Cofi*,	—	*Abifa* ;
le Samedi,	—	*Acado*,	—	*Aourba*.

Pendant le voyage, nous avions à bord, tous les jours de la semaine, un calendrier vivant et complet, à commencer par Couachi et Codio, pour finir par Acado.

21 avril. — Mes Polygoudous, au milieu desquels je me retrouve pour la troisième fois, sont bien revenus de leurs premiers sentiments. Ceux qui m'ont accompagné dans le Tapanaoni n'ont pas voulu me quitter pendant tout le voyage, et le capitaine me demande de m'accompagner jusque chez Apatou. Ils avaient pour mission de me conduire à Piket, ce qu'ils auraient pu facilement faire en deux jours, et voilà douze jours qu'ils sont avec moi. Pour eux, le temps n'est rien et ils ne le comptent pas.

La défiance avec laquelle ils m'avaient reçu la première

fois a fait place à la plus entière confiance. Comme j'ai pu m'en convaincre, ils avaient d'abord agi sous l'impression de la crainte du Gran-Man, crainte de lui déplaire, en me laissant pénétrer dans le Tapanaoni, avant d'y avoir été autorisé par lui.

Je retrouve ici mon brave papa Zampi, qui est baptisé. C'est bien le meilleur homme que j'aie encore rencontré dans mon voyage. En me montrant mon bréviaire, il me dit : « Donnez-moi cela ; quand je mourrai, je le mettrai sous ma tête et je n'aurai plus peur de la mort. »

Un certain nombre d'entre eux, surtout les jeunes gens, me demandent le baptême. Je leur dis qu'avant d'être baptisé, il faut connaître le bon Dieu et me promettre de n'avoir qu'une femme et de ne pas s'en séparer. Ce n'est pas la bonne volonté qui leur manque ; mais qui les instruira ? Je n'accorde cette faveur qu'à un enfant malade et à deux vieillards.

Nous faisons nos préparatifs de départ et demain nous serons dans le moyen Maroni.

Le tonnerre se fait entendre ici comme à Cottica. Les orages sont très fréquents dans ces parages, et presque toutes les pluies sont des pluies d'orage. Celui d'hier soir a été très violent. Il est temps de descendre, car nous entrons dans la saison des fortes pluies, et il faut que je sois chez Apatou pour le jour de Pâques.

Avant de partir, je demande à Apatou comment se célèbrent les mariages chez les Yucas et les Bonis. Il me répond que chez eux le jeune homme choisit de très bonne heure sa femme, souvent quand elle est encore enfant. Lorsque son choix est fait, il prie sa mère d'aller demander la petite fille à ses parents pour l'élever. Si la demande est accueillie, elle emmène l'enfant dans sa case et veille sur elle avec soin.

Lorsqu'elle est en âge de se marier, elle est ramenée à

la maison paternelle par la mère du jeune homme, qui dit à ses parents : « Voilà votre fille que j'ai élevée, elle vous appartient, mais mon fils l'aime et il vous la demande pour en faire sa femme. »

On lui répond :

« S'il l'aime, qu'il vienne nous la demander et qu'il apporte les présents que l'on a coutume d'offrir en pareille circonstance. »

Ces cadeaux sont plus ou moins considérables, selon le prix que l'on attache à la possession de la jeune personne qui est abandonnée au jeune homme et conduite dans sa case, où ont lieu des réjouissances. Ces coutumes ont été, selon toute apparence, empruntées aux Indiens, et il faut dire qu'ordinairement les choses se font avec beaucoup moins de cérémonie.

J'ai voulu aujourd'hui assister avant de descendre à une pêche d'un genre particulier et fréquemment pratiquée par les noirs du Maroni, qui l'ont empruntée des Indiens. Voici de quelle manière papa Zampi procéda sous mes yeux. J'avais remarqué dès le commencement de mon voyage et surtout aux Polygoudous dans les abatis certaines plantes herbacées, appartenant, je crois, à la famille des boraginées, en assez grande quantité, que les noirs semblaient cultiver. Ayant demandé quel était l'usage de ces végétaux, qu'ils désignaient sous le nom de couami et sinapou, on me répondit qu'elles étaient employées à enivrer les poissons.

L'oncle d'Apatou n'eut pas recours à ces plantes. La veille il avait été faire une excursion dans la forêt et en avait rapporté un énorme paquet de lianes sectionnées à l'instar des plans de vigne. Cette liane aux fleurs jaunes est une légumineuse dont l'acacia est le type, et est connue des botanistes sous le nom de robinia et appelée par les Indiens nicou, d'où son nom de robinia nicou.

Après nous être dirigés vers le dégrat (nom donné au lieu d'embarquement et de débarquement) et mis dans la pirogue, qui devait nous transporter de l'autre côté du fleuve sur la rive gauche, le précieux paquet, nous atteignîmes bientôt une petite crique qui se trouvait à une lieue de distance.

Le R. P. Brunetti, au retour de son excursion dans le Maroni.

Arrivés à son embouchure, Apatou, qui était venu avec nous, se mit en devoir, aidé de son oncle, d'arrêter le courant par un léger barrage formé de branches coupées aux arbres les plus proches; puis on remonta la crique à une certaine distance. A cet endroit se trouvait, au milieu de la crique, quelques roches qui émergeaient au-dessus de l'eau. La pirogue s'arrêta. Zampi saisit une botte de nicou, la trempa dans l'eau, et après l'avoir fixée sur une de ces roches, de sa main droite armée d'un solide gourdin, il frappa sur les tiges de la liane à l'écorce brune qui furent bientôt réduites en bouillie. Apatou l'ayant aidé dans ce travail, la sève se répandit dans les eaux de la crique, qu'elle teignit d'une belle couleur d'opale.

« Attendons un peu maintenant, » nous dit papa Zampi.

Au bout de quelques instants, on aperçut au centre de la crique des points indécis, agités de légers remous.

Ayant laissé aller la pirogue au courant, nous voyons l'eau bouillonner autour de nous. A l'avant, à l'arrière, à droite, à gauche du canot, des poissons de diverses grosseurs et nuancés montent du fond à la surface, s'enfoncent de nouveau pour remonter le ventre en l'air et flotter comme s'ils étaient morts. Mais ils ne sont qu'étourdis, ou plutôt ils sont ivres et incapables de fuir, de se cacher, de se défendre. On les voit ouvrant la gueule, dilatant leurs ouïes, battant l'eau de leurs nageoires, entraînés par le courant avec l'embarcation vers le barrage.

Zampi et Apatou les frappent à coups de pagaye, puis les saisissent avec les mains et les jettent dans la pirogue, où ils sont achevés. On recueille ainsi une assez grande quantité de piraïes voraces, de raies d'eau douce, de coumarous, d'aïmaras à la tête énorme, de carpes blanches, tous de moyenne grandeur.

Nous en avions environ trente livres. C'était un bon coup de filet, sans filets.

Parmi nos poissons se trouvait un pémécrou, qui au moment de la ponte recueille les œufs de la femelle et les loge dans les interstices de ses branchies ; c'est là que les petits éclosent, et ils ne quittent cet asile protecteur que lorsqu'ils sont devenus un peu forts ; puis une anguille qu'Apatou me désigne sous le nom d'anguille tremblante : c'est la torpille ou gymnote, très commune dans les pripris et les savanes noyées de la Guyane. Saisissant le coutelas de chasse que je portais sans cesse avec moi, je voulus moi-même abattre la tête de l'ophidien. Je n'eus pas plus tôt frappé que je sentis une forte secousse électrique qui paralysa mon bras, et l'instrument m'échappa des mains.

De retour chez les Poligoudous, une partie de notre pêche fut distribuée dans le village, et Apatou et Zampi boucanèrent l'autre partie, qui devait nous servir pour notre voyage de retour.

30 *avril*. — Saint-Laurent du Maroni. — Je suis arrivé hier chez nos chers confrères de Saint-Laurent. Depuis le 21, il ne m'a pas été possible de continuer mon journal: d'abord à cause des pluies torrentielles que nous avons eues depuis notre départ de Poligoudous, et ensuite de mon état de fatigue et de la fièvre qui m'a accompagné jusqu'ici.

Après trois journées de dix et douze heures de canotage chaque jour, sous une pluie battante contre laquelle il est impossible de s'abriter dans une pirogue, grelottant de la fièvre, nous sommes arrivés le samedi, vers quatre heures de l'après-midi, chez Apatou. Avec bien des efforts, j'ai pu dire la sainte messe le dimanche de Pâques. Mes hommes eux-mêmes, quoique endurcis à ces fatigues de la navigation du fleuve, en avaient assez et demandaient un repos qui était devenu nécessaire à tout le monde. Je demeurai chez Apatou, ne quittant presque pas mon hamac jusqu'au jeudi 28, où nous descendîmes à la Société forestière et laissâmes, pour y retourner, Dieu sait à quelle époque, le haut et le moyen Maroni. Grâce à la bienveillance de M. Grosnier, qui mit à notre disposition sa chaloupe à vapeur, nous pûmes, après avoir passé quelques heures à Sparwin, arriver le même jour à Saint-

Laurent, où la quarantaine devait me donner de longs jours de repos.

Notre voyage avait duré soixante-dix jours, dont au moins quarante avaient été passés en pirogue.

M. le gouverneur, au retour de mon expédition, me demanda un rapport sur le Maroni au point de vue de la colonisation. Nous croyons devoir en reproduire ici de longs extraits.

XXIII

TOPOGRAPHIE ET HYDROGRAPHIE DU MARONI

Le Maroni, qui a sa source à 2° 15' de latitude, se jette dans l'océan Atlantique à 5° 45', et a par conséquent un parcours en ligne droite de 90 lieues de 4 kilomètres, et, en réalité, à cause de ses nombreuses sinuosités, de plus de 500 kilomètres, à peu près le parcours du Rhône. Il coule du sud au nord. Sa largeur est deux fois, trois fois, et dans certains endroits au-dessus des sauts, dix et vingt fois plus grande que celle des fleuves de l'Europe. Il perd naturellement en profondeur ce qu'il gagne en largeur.

Ce qui le distingue surtout, ce sont les nombreux barrages connus sous le nom de sauts, qui interceptent son cours, et les îles innombrables dont il est semé.

On peut le diviser en trois parties bien distinctes :

1° Le bas Maroni, qui forme jusqu'au premier barrage (saut Harmina) un immense estuaire de 90 kilomètres de longueur, où la marée se fait sentir et dont les rives sont basses et bordées de palétuviers. Cinq criques aboutissent à cette partie du fleuve, dont une sur la rive gauche tout près de l'embouchure, et qui, communiquant avec la Touwine, affluent du Surinam, sert de voie de communication entre les deux fleuves et est bien connue des noirs et des transportés qui veulent s'évader, et quatre sur la rive droite.

2° Le moyen Maroni, qui s'étend du saut Harmina jusqu'au confluent de l'Awa et du Tapanaoni, coupé par onze barrages, dont les cinq principaux sont : Boni-Doro, Loca-Loca, Peter-Songon, Singa-Teteye et Poligoudous, auxquels correspondent cinq chaînes de collines, sans compter celles du saut Harmina, dont la direction générale est de l'est à l'ouest.

Ces barrages sont, comme on le comprendra facilement, un grand obstacle pour la navigation dans cette partie du fleuve, mais il n'est pas insurmontable : avec quelques travaux intelligents on arriverait à faire disparaître en partie ces obstacles, de manière que des chaloupes et même des bateaux à vapeur d'un petit tirant d'eau pourraient la parcourir dans toute sa longueur.

Cette portion du Maroni, dont la longueur est d'environ vingt-cinq lieues ou un degré en ligne droite, est, sans contredit, la plus importante. Elle est coupée en tous sens d'un grand nombre d'îles, dont la plupart sont au-dessus du niveau des eaux dans les plus grandes crues du fleuve. Un certain nombre sont très étendues, d'une grande fertilité et séparées quelquefois les unes des autres par un petit canal ou un ruisseau de quelques mètres. En ce moment ce sont d'immenses corbeilles de verdure; mais si elles étaient habitées et cultivées, cette partie du fleuve, connue sous le nom de Paramaca, serait sans contredit, une des contrées les plus riantes du globe. Que de fois j'ai regretté de ne pas voir, sur chacun de ces morceaux de terre, qui semblent avoir surgi verdoyants, il n'y a qu'un instant, du milieu des eaux, un hameau aux maisonnettes blanches et proprettes, dominées par un clocher, véritable signe de toute vraie civilisation!

Les deux rives de Paramaca sont coupées de distance en distance par les reliefs que nous avons indiqués. La plus grande hauteur que puissent atteindre ces collines, dans leurs points les plus élevés, ne dépasse pas 400 mètres ; mais les versants au nord et au sud, paraissent très propres à la culture, et possèdent en grande quantité une foule d'essences de bois précieux. Entre chaque chaîne de collines existe une crique assez longue (on met quelquefois pour les remonter dix et quinze journées), qui sont des voies de communication toutes faites entre le fleuve et l'intérieur.

C'est dans ces criques que l'on trouve les terrains aurifères, et quelques-unes sont exploitées en ce moment. C'est aussi sur les bords de ces cours d'eau, qui forment la partie la plus déprimée des vallées, que l'on rencontre de longues étendues de terres basses, les plus riches en humus, mais que, pour les rendre fertiles, il faudrait canaliser.

C'est là que les Yucas, et plus tard les Bonis, sous la conduite de leur intrépide chef, s'étaient établis tout d'abord. Ils n'ont quitté cette partie du fleuve et été s'établir dans le Tapanaoni et l'Awa, en dehors de toute atteinte, que pour se soustraire aux poursuites des Hollandais et des Anglais, dont ils étaient les esclaves fugitifs. Ne serait-ce pas le lieu qu'il faudrait choisir pour la relégation? C'est là une question à étudier.

3° Haut Maroni, Awa et Tapanaoni.

Lorsqu'on a franchi le saut des Poligoudous, on se trouve en face de trois embouchures : celle du Tapanaoni à l'ouest, et les deux de l'Awa, divisé en cet endroit par une île, au sud. A l'extrémité du delta formé par ces deux rivières se trouve le village des Poligoudous.

Le parcours de l'Awa en ligne droite est d'un peu plus de 50 lieues ou 2 degrés du 2° 15' au 4° 15' de latitude nord. Celui du Tapanaoni, toujours en ligne droite, est moindre ;

son parcours n'a que 1 degré de latitude et 1 degré de longitude, et l'hypoténuse donne 1° 20" ou 33 lieues. En ajoutant un tiers de plus à ces longueurs, à cause des nombreuses sinuosités de ces deux rivières, on a pour l'Awa, de son confluent jusqu'à sa source, une longueur de 75 lieues, et pour le Tapanaoni 45 lieues.

Le débit du premier, d'après les données du lieutenant de vaisseau Vidal, qu'Apatou accompagnait dans son excursion en 1867, est de 35 960 mètres cubes par minute, tandis que celui du dernier n'est que de 20 200 mètres cubes au mois de septembre, c'est-à-dire au moment où les eaux atteignent la moyenne de leur volume.

D'après des calculs approximatifs, la pente totale du Maroni, prise en mesurant la hauteur des sauts et en multipliant cette hauteur par leur nombre, est de un peu moins de 300 mètres, ce qui explique facilement les largeurs de deux, trois et jusqu'à quatre kilomètres qu'il atteint quelquefois.

La température varie très peu entre le haut et le bas Maroni. Les observations barométriques donnent aussi très peu de différence. La raison en est que les altitudes sont peu considérables (celles des points élevés de la chaîne Tumuc-Humac ne dépassent pas 800 mètres), et que plus on monte dans le fleuve, plus aussi on approche de l'équateur. Ce qui est plus sensible, c'est la différence qui existe entre les températures du jour et de la nuit. Pendant le jour elle varie de 26° à 32° à l'ombre, tandis qu'à deux heures du matin elle descend jusqu'à 20° dans l'Awa.

L'Awa est large, semé, comme le Maroni, d'îles, coupé par de nombreux barrages, qui semblent se multiplier et se rapprocher au fur et à mesure que l'on s'éloigne de la mer.

Les saillies de terrain sont aussi plus nombreuses et les deux rives de plus en plus élevées. Dans certains endroits

Campement dans la forêt au bord de la rivière. (Voir page 199.)

elles atteignent la hauteur de huit, dix et jusqu'à douze mètres. On ne rencontre presque pas de terres basses, si ce n'est au-dessus des sauts et aux environs des criques.

Le Tapanaoni est plus rétréci et plus encaissé que l'Awa; les collines plus nombreuses et plus coupées. La chaleur y est aussi plus forte.

XXIV

ETHNOGRAPHIE DU MARONI

Les points du Maroni actuellement habités sont :

A. Dans le bas Maroni :

1° Les Hattes, à l'embouchure : pénitencier pour l'élève du bétail ;

2° Saint-Laurent : pénitencier principal ;

3° Saint-Maurice : usine à sucre, concessionnaires ;

4° Saint-Louis : Annamites transportés ;

5° Ile Portal : habitation rocouyère et caféière de MM. Bar ;

6° Albina (rive hollandaise) : résidence du commissaire hollandais ;

7° Sur la rive gauche, sept villages indiens, gallibis et portugais ou tapouyes ;

8° Enfin les deux établissements de Tollinge et de Sparwin.

B. Dans le moyen Maroni :

Village d'Apatou, les six villages des nègres Paramaca, les placers Dusseire et celui de Beyman-Crique.

C. Dans l'Awa :

Quatre villages boschs et neuf bonis.

D. Dans le Tapanaoni :

Un village poligoudous et vingt villages yucas.

E. Dans le haut de l'Awa :

Les peuplades problématiques des Emérillons, des Oyacoulets et des Rocouyennes, qui ont à peu près disparu, et dans le haut du Tapanaoni, les Indiens Trios que personne n'a jamais vus.

INDIENS OU PEAUX-ROUGES

Nous n'avons pas grand'chose à dire de ces peuplades qui ont habité autrefois le continent américain. Très nombreuses par le passé dans les Guyanes et en particulier dans le Maroni, elles tendent à disparaître peu à peu.

L'Indien est apathique, il est vrai ; mais c'est une belle race, aux mœurs douces, à la figure intelligente, à la longue chevelure noire.

On trouve dans le Maroni les restes de trois peuplades : les Gallibis, les Rocouyennes et les Emérillons. Pendant que j'étais à Cotica, cinq Emérillons sont arrivés auprès du Gran-Man. C'étaient des hommes parfaitement constitués, presque blancs, aux cheveux longs et noirs. Leur figure régulière, je dirai presque belle, avait ce cachet de mélancolie qui impressionne et attire. D'après ce qu'ils nous dirent, il n'y a plus dans le haut Maroni que quelques familles indiennes, disséminées à d'énormes distances.

J'ai visité dans une excursion suivante les six villages des Indiens gallibis situés dans le bas Maroni et à proximité de Saint-Laurent[1]. C'est un spectacle attristant que la dégradation de ces pauvres créatures.

Les cent cinquante ou deux cents Indiens qui les habitent n'ont plus qu'un seul but : se procurer du tafia et s'enivrer. On les voit sans cesse à Saint-Laurent, hommes, femmes

---

[1] Voir plus loin la relation de cette excursion.

et enfants, lorsqu'ils ont eu le courage de tuer quelque gibier ou d'attraper un peu de poisson, venir échanger le produit de leur chasse et de leur pêche contre une bouteille de tafia, qui est vidée avant qu'ils soient de retour dans leurs carbets. Assis des heures entières devant les portes des cabarets, gorgés d'alcool falsifié et s'en retournant en titubant et en se jetant dans les fossés, vers leurs pirogues (les femmes comme les hommes, les femmes surtout) : voilà le spectacle désolant qui s'offre sans cesse aux yeux de ceux qui résident sur le pénitencier. De notre civilisation ils n'ont pris que l'un de ses vices les plus dégradants.

On comprend que, les choses étant ainsi, ces pauvres Indiens s'abrutissent de plus en plus, et que leur disparition complète ne soit plus qu'une question de temps.

LES CINQ TRIBUS NÈGRES DU HAUT MARONI. — LEUR ORIGINE

L'origine des peuplades noires qui habitent les îles et les rives du Maroni a cela de commun avec celle des grands peuples, qu'elle est très vague et très obscure. Connue sous le nom générique de Boschman (homme des bois), ou Boschs Neger (nègres des bois), ou simplement Boschs, que leur ont donné les Hollandais et les Anglais, ils se fractionnent en cinq petites tribus : les Yucas, les Bonis, les Poligoudous, les Saramacas et les Paramacas.

Les Yucas, qui habitent les deux rives du Tapanaoni, pourraient bien tirer leur nom de la belle plante *Yuca filamentosa*, appartenant à la famille des Liliacés ou des Aloès, assez commune dans ces parages. Et je ne résiste pas à vous en donner la description.

Les feuilles des yucas, qui poussent sur les bords du Maroni, sont en touffes nombreuses, longues quelquefois d'un mètre cinquante, uniformes, raides et persistantes. Du milieu de cette touffe monte une hampe qui atteint la hauteur de deux mètres, formant une superbe panicule pyramidale, dont les branches sont garnies de cent à deux cents fleurs pendantes, ayant la forme et la grandeur d'un œuf de poule, toujours fermées pendant le jour pour ne s'ouvrir et ne s'épanouir que sous les rayons de la lune. Ses fleurs empruntent d'ailleurs à l'astre des nuits leur couleur pâle et argentée.

Les Bonis, qui sont les maîtres de l'Awa, tirent leur nom de leur chef Boni, comme les Maronites de leur grand évêque Maron.

Les Paramacas, qui se trouvent dans le moyen Maroni, ont emprunté leur nom à la crique Paramaca, que nous avons rencontrée en montant, et près de laquelle est leur principal village.

Les Poligoudous sont ainsi appelés à cause de la proximité de leur village du saut Poligoudous, *perte des bagages*, que nous avons aussi franchi en montant et dont il est question plus haut.

Enfin les Saramacas ont aussi emprunté leur nom à la crique sur laquelle ils sont établis, crique qui relie la rivière de Surinam avec le Maroni.

D'où viennent ces noirs dont le nombre était autrefois, dit-on, au-dessus de vingt mille?

Si l'on consulte leurs traditions, la plupart seraient sortis de Surinam; et cette émigration daterait de 1663. A cette époque, la colonie hollandaise ayant été conquise par une escadre française, l'amiral qui la commandait exigea des colons, qui étaient presque tous juifs, une forte somme qui devait être proportionnée au nombre d'esclaves qu'ils possédaient, comme contribution de guerre. Pour se soustraire à cet impôt, ils engagèrent leurs esclaves à se retirer dans les bois, comptant, dans leur naïve avarice, les voir revenir en des temps meilleurs. Comme bien on pense, nos Africains n'en firent rien; et ils eurent bien raison.

Afin d'échapper aux poursuites du gouvernement hollandais, ils quittèrent la rivière de Surinam et, par le moyen des criques Saramaca et Anacrique qui mettent les deux rivières en communication, ils vinrent s'établir dans le Maroni, où leur indépendance fut reconnue en 1670.

Dans la suite, et à des époques diverses, leur exemple fut suivi par un grand nombre de leurs congénères, esclaves comme eux dans la colonie batave.

En 1772, c'est un nègre intelligent et audacieux, nommé Boni, qui se révolte contre son maître, détruit sa propriété et s'échappe en entraînant à sa suite, dans le Maroni, un grand nombre de ses compagnons d'esclavage. C'est donc une erreur de croire que les Bonis sont sortis de la Guyane française; et s'il en était ainsi, ils auraient au moins conservé quelques vestiges de l'idiome créole-français qu'ils auraient parlé primitivement.

Une partie des soldats noirs qu'on envoya à leur poursuite ne revinrent plus à Surinam et formèrent la tribu des Poligoudous.

Plus tard, ce sont d'autres nègres marrons qui peuplent la crique de Saramaca et de Paramaca. Un courant d'émigration s'était donc établi, dès le principe, de la colonie hollandaise vers le Maroni; ce courant a continué jusqu'au moment de l'émancipation, avec des intermittences peut-être, mais sans jamais cesser complètement. Quel est l'homme qui ne préfère pas mille fois la liberté à l'esclavage, quelque doux qu'il puisse être?

Nous n'entrerons pas dans les détails des luttes qu'ils eurent à soutenir avec leurs anciens maîtres, ni des combats qu'ils se livrèrent entre eux. Qu'il nous suffise de dire qu'en ce moment ils communiquent librement avec Surinam et vivent en paix les uns avec les autres.

Quant à leur origine africaine, il est probable que la plupart d'entre eux ont été amenés en Amérique par des négriers qui avaient été les chercher à Loanda, un des grands marchés de chair humaine du temps où florissait la traite des noirs. Ce qui appuie ces présomptions, c'est qu'on retrouve chez eux les mœurs et les habitudes des peuplades du sud de l'Afrique visitées par le docteur Livingstone, dans ses premiers voyages à travers le continent africain : même manière de se tatouer, mêmes cérémonies pour les morts, mêmes danses, etc. Il se pourrait donc qu'ils fussent les descendants des Basongas, des Béchuanas et des Makololos, trouvés par le célèbre explorateur sur les rives du Zambèze et aux sources du Couango.

C'est donc avec raison que j'avais d'abord donné pour titre à ma relation : *Deux peuplades africaines sur les bords du Maroni,* car les cinq tribus que nous avons indiquées ne forment plus en ce moment que deux peuplades soumises aux deux Gran-Mans des Bonis et des Yucas.

Selon les calculs les plus probables et les différentes données des voyageurs qui m'ont précédé dans le haut Maroni, on peut affirmer que le nombre des noirs qui habitent le fleuve dépasse 4 000, non compris les Indiens Gallibis, dont les villages comptent environ deux cents âmes.

Yucas,	20 villages. . .	3 000	habitants.
Bonis,	9 » . . .	700	»
Paramacas,	6 » . . .	200	»
Poligoudous,	1 » . . .	150	»
Saramacas,	3 » . . .	300	»
		4 550	»

Les Saramacas habitent le long de la rivière de Surinam, mais depuis quelques années ils affluent dans le Maroni.

Parmi ces noirs il en est qui sont entièrement acquis à la colonie française.

Ce sont, depuis le traité de 1860, les Bonis et les Paramacas qui, pour se soustraire à la domination des Boschs, sous laquelle ils gémissaient depuis bien des années, se sont mis sous la protection française et appartiennent en réalité à la France.

Les Yucas, les Poligoudous et les Saramacas reconnaissent la suprématie de la Hollande, et le Gran-Man des Boschs reçoit son investiture de Surinam.

Mais, depuis quelques années, il y a un courant considérable qui a lieu vers le bas Maroni et surtout vers Mana, où on les emploie à faire le canotage des placers.

L'un des obstacles les plus grands à ce courant est la diversité du langage. Les Boschs ne nous comprennent pas, et nous ne les comprenons pas, tandis qu'à Surinam leur créole hollandais est compris, et ils comprennent plus ou moins le hollandais.

Une des conditions essentielles pour les attirer à nous, ce serait tout d'abord de leur enseigner notre langue et de fonder des écoles où ils pussent apprendre à lire et à écrire, ce qu'ils désirent tous. Quand ils sauront lire et écrire et pourront s'exprimer en français, ils n'iront plus à Surinam, mais dans le bas Maroni et à Mana, et jusqu'à Cayenne.

Ces écoles, comme on le comprend facilement, ne peuvent être que la suite et le complément d'une mission. Le missionnaire sera le premier maître d'école, et, lorsqu'il ne pourra suffire à la besogne tout seul, il s'adjoindra des collaborateurs, Frères ou Sœurs, qui travailleront avec lui, sous sa direction, à l'évangélisation de ces peuplades en les instruisant.

Une fois chrétiennes et parlant notre langue, elles seront françaises, et par conséquent pourront fournir à la colonie un plus grand nombre de bras pour son exploitation aurifère.

Un autre résultat non moins appréciable peut être

obtenu dans le Maroni par l'établissement d'une mission et d'écoles. Il y a là un centre de population qu'il ne faut pas déplacer, mais qu'il faut, au contraire, chercher à fixer en le développant.

Les Boschs et les Bonis, c'est vrai, peuvent rendre de grands services aux placers de la Guyane Française, en se livrant au transport des hommes et des vivres sur ces établissements, mais ce n'est là qu'un résultat passager. Il y a mieux que cela à faire : il faut initier ces peuplades à la culture et à l'exploitation des richesses sans nombre qu'on rencontre dans le Maroni. Les deux rives de ce beau fleuve, et les îles innombrables dont il est semé, forment une immense contrée capable de nourrir et d'enrichir des centaines de mille hommes. Et pour les Africains comme pour les Peaux-Rouges, le climat, outre la fertilité du sol, est très salubre. Ces populations du Maroni sont vaillantes et robustes. Une fois pénétrées de la sève civilisatrice que les missions leur communiqueront, il y aura là de véritables éléments d'une population de mœurs douces et sobres, vivant du produit de leur travail et pouvant s'accroître indéfiniment. On ne trouve nulle part dans la Guyane Française, si l'on excepte Cayenne, des centres populeux comme dans le Tapanaoni. En remontant cette rivière, on rencontre en moins deux de journées de voyage vingt villages très rapprochés les uns des autres, dont quelques-uns comptent plus d'une centaine de cases.

Sans doute le Tapanaoni est considéré comme appartenant à la Hollande; mais, outre que les limites ne sont pas bien déterminées entre les deux colonies, il est possible d'amener ces populations dans l'Awa et dans le moyen Maroni, qui nous appartiennent sans conteste. Il y a d'ailleurs en ce moment une tendance prononcée de la part des Yucas à s'établir dans l'Awa et dans le moyen Maroni, que leurs pères ont habité, où ils possèdent déjà un assez grand nombre d'abatis. Le Tapanaoni ne leur fournit plus assez de gibier et de poissons; ils sont obligés d'aller à plusieurs journées de distance couper leurs abatis.

Les missions auraient donc pour premier résultat de fondre ensemble les différents éléments dont est composée cette population : Yucas, Bonis, Saramacas, Paramacas et Poligoudous, et d'en faire une seule et même population chrétienne ayant pour base la famille, établie surtout dans le moyen Maroni et l'Awa, et par conséquent plus rapprochée et plus immédiatement en communication avec la colonie française. Ces premiers résultats obtenus, il serait facile de les initier à la culture et à l'exploitation des richesses qui sont à leur portée.

Jusqu'ici, en fait de culture, ils se sont contentés de quelques abatis où ils plantent le manioc et sèment le riz dont ils ont besoin pour leur consommation. C'est la culture élémentaire. Et pourtant leurs terres sont fertiles et produisent toutes les denrées d'exportation. La canne à sucre, le café, le cacao, la vanille, le cannelier, le giroflier pourraient être cultivés avec grand succès. Ils ont en outre le carapa, le copahu, la pistache, plusieurs espèces de palmiers qui leur fournissent des huiles excellentes qu'ils échangeraient avantageusement dans le bas Maroni contre les produits qu'on leur enverrait d'Europe.

Il leur serait facile aussi d'exploiter des bois précieux, tels que l'acajou, différentes espèces d'ébène, l'angélique, le wapa et wacapou, qui abondent dans ces contrées. Quelques-uns l'ont fait jusqu'ici, mais le prix qu'on leur en offre à Saint-Laurent est tellement dérisoire, et on abuse à un tel point de leur ignorance sur la valeur de ces bois, qu'ils arriveront à ne plus en exploiter. On les vole effrontément, et ils finissent par s'en apercevoir. J'ai vu moi-même des radeaux de huit ou dix pièces de bois, de 4 mètres de longueur, sur 40 et 50 centimètres d'équarrissage chacune, être payées à Saint-Laurent cinquante et soixante francs le radeau, lorsque chacune de ces pièces avait cette valeur.

Et non seulement on les trompe sur ce qu'ils viennent vendre, mais sur les marchandises qu'ils achètent et sur le prix convenu des canotages qu'ils font pour les placers.

On les vole de toute façon, au point qu'ils préfèrent s'en aller à Albina, chez M. Martine, en qui ils ont toute confiance.

Il est pénible pour un Français de dire ces choses, et de constater qu'un Hollandais a le monopole presque exclusif du commerce du Maroni; mais à qui la faute? Si nos marchands de Saint-Laurent mettaient la même loyauté dans leurs rapports avec ces peuplades du haut Maroni que M. Duttenöffer, il n'en serait pas ainsi.

Il est à regretter d'ailleurs que nous n'ayons pas, comme la Hollande, un commissaire au Maroni. Nos intérêts dans ce fleuve sont supérieurs à ceux de la colonie voisine, et pourtant nous n'avons personne pour les représenter et les protéger. Ce qu'il faudrait, c'est un homme ayant la confiance du gouvernement de la Guyane Française servant d'intermédiaire autorisé entre notre colonie et les noirs du Maroni. Cet homme, l'administration l'a sous la main, c'est Apatou, l'intrépide compagnon de M. Vidal et du docteur Crevaux, décoré pour ses actes de courage, je dirai presque d'héroïsme, et pour son attachement inviolable à la France, qu'il a adoptée comme patrie, de la médaille en or de première classe.

Il réunit toutes les conditions voulues pour l'accomplissement de cette délicate mission. Il a fait un séjour de près de deux ans en France avec M. Crevaux, et aime notre patrie avec enthousiasme. Son habitation dans le Maroni, habitation qui est à présent un village, et qui deviendra avant peu un centre important, est située juste au premier saut servant de limite entre le bas et le moyen Maroni.

Il est Boni par sa mère et Yucas par son père. Il a, en cette double qualité, une influence considérable sur tous les noirs du fleuve. Estimé et aimé de tous, son autorité sera acceptée sans conteste. Il est en outre intelligent et d'une loyauté absolue; il se servira de son autorité pour rapprocher peu à peu ces peuplades de notre colonie et les gagner ainsi à la France.

Cela lui sera d'autant plus facile que les deux Gran-Mans lui ont confié, en ma présence, pendant notre voyage, leurs intérêts et la protection des leurs dans le bas Maroni.

Si la France veut lui donner le titre et les pouvoirs de commissaire, avec quelques émoluments, ma conviction est qu'Apatou peut rendre de véritables services à la colonie dans le Maroni.

Je me résume : il y a dans le Maroni de quatre à six mille noirs, vaillants, robustes, et qui peuvent devenir le noyau d'une nombreuse population.

Si la France veut les gagner et les adjoindre à sa colonie de la Guyane, qui manque de bras, il faut :

1° Leur apprendre notre langue et les initier à nos mœurs et à nos croyances par l'établissement de missions dans le haut Maroni;

2° Les rapprocher et les fondre ensemble, ce qui aura lieu lorsqu'ils parleront la même langue et auront les mêmes croyances chrétiennes;

3° Les attirer peu à peu dans l'Awa, et surtout dans le moyen Maroni, à proximité de nos établissements;

4° Enfin investir Apatou du titre et de l'autorité de commissaire français, servant ainsi d'intermédiaire entre la colonie française et ces diverses peuplades.

XXV

INDIENS GALLIBIS (PEAUX-ROUGES)

Les Gallibis, qui habitent la rive gauche du Maroni, sont des restes de la race caraïbe. Cette famille indienne, l'une des plus nombreuses de l'Amérique méridionale, occupait au xvi° siècle toutes les Antilles, depuis Porto Rico et Cuba dans le nord jusqu'à la Trinidad dans le sud, et toute la portion de la côte de l'Atlantique comprise entre l'embouchure de l'Orénoque et celle de l'Amazone.

Les Caraïbes ont disparu des Antilles. Il n'en reste plus que quelques familles à la Dominique et un certain nombre de villages épars à l'embouchure de l'Orénoque et sur les fleuves de Démérary, de Surinam, du Maroni, de l'Oyapock et d'Aprouague, bien déchus de leurs célèbres ancêtres, les Caraïbes, qui ont lutté si longtemps et si vaillamment contre les conquérants d'Europe après la découverte du nouveau monde.

Cette disparition presque complète des aborigènes du continent américain est un fait malheureusement trop réel et profondément regrettable.

La race protestante anglo-saxonne n'a su que les refouler et les exterminer. Les nations catholiques seules, les Français au Canada, les Espagnols au Mexique, au Pérou, dans le centre Amérique et dans d'autres contrées de l'Amérique du Sud, les Portugais au Brésil, les ont civilisés en les christianisant et se les sont assimilés. Les populations du Brésil, des républiques espagnoles du centre Amérique et de l'Amérique du Sud, du Canada, sont, en effet, composées d'Indiens et de métis ou races croisées. Ce n'est pas encore la perfection de la civilisation et du christianisme sans doute, mais au moins ce n'est pas l'extermination et l'anéantissement.

La quarantaine me laissant des loisirs à Saint-Laurent, je voulus en profiter aussitôt que je fus remis de mes fatigues et guéri de la fièvre que j'avais contractée dans mon voyage, et qui m'avait obligé d'entrer à l'hôpital, pour faire connaissance avec les Peaux-Rouges.

Il fut donc convenu avec le P. Friederich, supérieur de la communauté de Saint-Laurent, vers la fin de mai, que nous verrions successivement les six villages d'Indiens Gallibis situés dans le bas Maroni, sur la rive gauche du fleuve et assez rapprochés du Saint-Laurent.

Bien souvent déjà, pendant mes divers séjours à Yracoubo, à Mana et à Saint-Laurent, j'avais pu observer ces sauvages, et en voyant leur état j'avais été pris d'une grande pitié pour eux, et je m'étais demandé pourquoi on ne travaillerait pas à leur évangélisation. Plus d'une fois, en causant avec nos pères de Mana et du Maroni, j'avais manifesté mon étonnement de ce que rien n'eût encore été fait pour ces débris de peuplades indiennes à la Guyane, croupissant dans leur ignorance absolue des mystères de notre sainte foi. Ces sentiments étaient d'autant plus forts en moi que je savais qu'autrefois les Pères jésuites étaient parvenus à former des chrétientés d'Indiens assez florissantes dans l'Oyapock et à Kourou, et que la plupart d'entre eux étaient baptisés et par conséquent chrétiens.

Je vais transcrire ici le résultat de cette nouvelle excursion d'après les notes que j'ai prises pendant ce voyage, beaucoup plus court et moins accidenté que celui que je viens de terminer chez les Bɔschs et chez les Bonis.

Après nous être munis de quelques provisions, nous nous rendîmes à Albina sur une embarcation que voulut bien mettre à notre disposition l'administration pénitentiaire. Albina, qui se trouve sur la rive gauche du fleuve, comme je l'ai déjà dit, appartient à la Hollande et est la résidence du commissaire hollandais. Deux familles, celle du commissaire et d'un négociant, M. Martine-Dutenöffer, avec quelques soldats bataves et une demi-douzaine de Chinois, forment toute la population de cette localité. C'est là que les Indiens et les Boschs viennent de préférence s'approvisionner des choses qui leur sont nécessaires.

Après avoir fait une visite à M. et Mme Martine, qui sont catholiques, nous renvoyâmes notre embarcation à Saint-Laurent pour prendre une pirogue indienne avec son équipage de Peaux-Rouges, qui se trouvait là juste à propos pour nous conduire. L'Indien vit au jour le jour, sans se soucier de ce qui arrivera le lendemain et sans prévoir à l'avance ce qu'il fera ou ne fera pas dans la suite. Essentiellement indépendant, il suit ses caprices et ses instincts et s'en va là où il espère trouver une jouissance. Leur présence à Albina devait donc avoir pour motif de venir se procurer un peu de tafia en échange de quelques poissons ou poteries qu'ils avaient dû apporter avec eux.

La pirogue indienne que nous devons monter est faite toute d'une pièce et creusée tout entière dans le tronc d'un arbre au moyen d'une égoïne et du feu. C'est une auge arrondie à l'intérieur et à l'extérieur, ouverte aux deux extrémités. L'ouverture de l'arrière est fermée par une planchette; celle de l'avant, un peu plus relevée, reste ouverte. En guise de bancs, des bâtons de distance en distance. La voile est formée au moyen de lamelles très minces, obtenues de la hampe des branches d'une espèce de palmier qu'on appelle vulgairement à la Guyane *bache,* et reliées entre elles avec du fil de mahout. Cette voile est étroite et rectangulaire. Les pirogues des Boschs et des Bonis sont beaucoup plus légères et plus élégantes que celles des Peaux-Rouges.

Après leur avoir dit (car, quoique ayant une langue à part, la plupart des hommes comprennent et parlent le créole) que nous désirions visiter leurs villages et leur avoir promis une petite récompense, nous prîmes le large, et quelques heures après nous arrivions devant le premier village qui se trouve le plus en amont et un peu plus bas que Sparrvin, sur la rive opposée. Dans une petite anse, formée par une sinuosité du fleuve, nous apercevons quelques pirogues à sec sur la rive sablonneuse. Au-dessus est un plateau de 8 à 10 mètres de hauteur, sur lequel sont plusieurs carbets, dans une éclaircie de la forêt ayant la superficie d'un hectare au plus. Nous y montons par un étroit sentier dans lequel, afin de suivre les us et coutumes des lieux, nous marchons à la file indienne.

On s'est demandé bien des fois pourquoi les Indiens, même dans de larges routes, marchent les uns après les autres comme les canards. Il y a plusieurs motifs à cela, tant physiques que moraux. Le premier, qui pourrait nous dispenser d'indiquer les autres, c'est que dans leurs sentiers à travers la forêt, il leur serait impossible de marcher deux de front, car c'est à peine si un seul peut y marcher à l'aise. A cette raison physique on peut en ajouter d'autres purement morales. L'Indien parle peu, même lorsqu'il est en repos. Quand il marche, il ne parle pas, et n'éprouve par conséquent aucune envie d'avoir à côté de lui quelqu'un avec qui il puisse lier conversation. Une autre raison, c'est que l'Indien voyage rarement sans être accompagné de sa famille. Or, comme maître et seigneur, il est toujours le premier. Sa femme n'est pas sa compagne, mais son esclave ; elle doit marcher à sa suite, et les enfants suivent par rang d'âge leur mère. L'ordre hiérarchique et le soin que l'on met à suivre la filière dans notre administration, que les nations admirent mais qu'elles se gardent bien d'imiter, serait peut-être une tradition empruntée aux Indiens.

Arrivés sur le plateau, nous pénétrons sans que personne vienne au-devant de nous dans le premier carbet qui se présente à notre vue. Quelques enfants pourtant nous avaient aperçus dans la rivière au moment où nous débarquions. Le Peau-Rouge est essentiellement apathique, et rien ne l'émeut. Aussi personne ne se dérangea-t-il à notre arrivée. L'Indien possesseur du carbet resta dans son hamac, sa femme continua à confectionner une gargoulette dans un coin, et les marmots se sauvèrent à notre approche.

« *Bonjou, kalina* (ami), lui dis-je en créole; comment *ou fika?* Bonjour, mon ami; comment vous portez-vous?

— *Bonjou compé,* me répondit-il d'un air indolent et à moitié endormi, *mo là comme câ.* Bonjour, compère, comme vous voyez. »

Et la conversation traîna sur ce ton pendant quelques minutes.

« *Ou esty captain, coté li qu'a reté?* Où est le capitaine et de quel côté se trouve sa case? »

Après avoir hésité un instant, il quitte lentement son hamac et nous conduit au carbet du capitaine, occupé en ce moment à *grager* du manioc en compagnie de sa femme, qui filait du coton, et entouré de trois ou quatre petits marmots, les héritiers présomptifs de la couronne, tous nus comme des vers.

Après avoir causé un instant avec lui et lui avoir dit le but de notre visite, nous parcourûmes le village, composé de cinq ou six carbets occupés par le même nombre de familles. Rien n'est plus simple que ces habitations. Celui du chef ne se distingue des autres que par ses dimensions un peu plus grandes. C'est un toit couvert en feuilles de balahou reposant des deux côtés sur la terre, et dont le faîte peut avoir 4 à 5 mètres de hauteur, soutenus par quatre ou six poteaux sur lesquels appuient deux ou trois fermes et ouvert entièrement aux deux pignons.

L'ameublement est des plus élémentaires : des hamacs en coton, confectionnés par eux, de différentes dimensions (chaque membre de la famille a un hamac), un fusil de chasse, un arc et des flèches ; un ou deux sièges grossièrement sculptés, et représentant des figures d'animaux, une couleuvre et une *grage* pour la préparation du manioc, quelques pagayes, un catouri et un manaret, et dans un coin des morceaux de terre glaise pour la préparation de leur poterie et un certain nombre de gargoulettes ; enfin des colliers de graines rouges ou de dents d'animaux, suspendus aux poteaux du carbet. N'ayant pour tout vêtement, les femmes comme les hommes, que l'indispensable calymbé, les armoires leur deviennent inutiles.

Au dehors, un foyer sur lequel repose une platine servant à cuire leurs galettes de cassave, un chaudron et un canari pour faire bouillir le poisson, leur unique nourriture ; à côté quelques couis leur servant de vaisselle.

Autour des carbets, quelques plans de bananier, de cafiers, de calalous et de piments, condiment nécessaire de leur cuisine, dont ils font un fréquent usage. Leurs mets, dont la base est le poisson qu'ils prennent à la rivière et qu'ils font bouillir, sont toujours fortement pimentés ; c'est, avec le sel, l'assaisonnement de rigueur. Ils sont du reste très sobres et se contentent d'un repas par jour.

Après avoir visité le village et être entré dans chacun des carbets, le capitaine nous invita à prendre part à son repas, que sa femme venait de préparer et qui consistait en un court bouillon de pirayes. Pour ne pas les froisser, il fallut goûter de ce mets, qui n'a aucun rapport avec notre cuisine européenne, et avaler quelques gorgées d'une boisson blanche composée avec du manioc, non fermentée, absolument insipide, et qu'ils nomment *vouapaya*. Leurs boissons fermentées, composées aussi avec du manioc et le jus de quelques plantes, sont le cachiri et le vicou.

Avant qu'ils connussent la pernicieuse eau de feu, le tafia et nos eaux-de-vie frelatées, il se faisait une grande consommation de ces boissons chez toutes les peuplades indiennes des Guyanes. Les naissances, les mariages, les funérailles ne pouvaient pas se célébrer sans d'abondantes et copieuses libations de cachiri. Les vases dans lesquels cette boisson était confectionnée étaient des pirogues, et les danses se continuaient des semaines entières, jusqu'à ce qu'il ne restât plus au fond de ces futailles improvisées, où chacun puisait à sa guise et dans un état de continuelle ivresse, une goutte de la boisson favorite.

L'Indien, pas plus que les Bonis et les Boschs, n'a de table pour ses repas. Assis sur une petite banquette ou dans son hamac, son *coui* placé entre les jambes, il puise lentement avec les mains, pour les porter à la bouche, le poisson et la cassave trempée qu'il renferme.

C'est la femme qui le sert; c'est elle qui lui apporte, outre le poisson et la cassave, le cachiri qui lui sert de boisson, l'eau dont il a besoin pour se rincer la bouche après le repas, l'écorce de mahaut avec laquelle il fabrique ses cigarettes. C'est elle aussi qui porte les filets à la pirogue, qui rapporte le poisson après la pêche et le gibier que l'on a tué à la chasse. Et lorsque la famille indienne entreprend un voyage ou change de localité, ce qui arrive fréquemment, c'est encore la femme qui se charge de tous les ustensiles du ménage; elle est la véritable bête de somme de la famille. Elle ne prend jamais ses repas avec son mari. Ce que le maître et seigneur a laissé du mets qui lui a été servi, elle le partage avec ses enfants à l'entrée du carbet. Nous constations une fois de plus que partout où règnent le fétichisme et l'idolâtrie, la femme n'est plus la compagne de l'homme, mais son esclave.

Afin d'imiter notre Indien, nous nous retirâmes un peu à l'écart, à l'ombre de grands arbres, et, assis sur les racines d'un palétuvier au bord du fleuve, nous fîmes honneur aux quelques provisions que nous avions apportées avec nous. La précaution était nécessaire, car si nous avions choisi un carbet pour prendre notre repas, nous aurions eu immédiatement autour de nous toute la population du village, hommes, femmes et enfants ; il aurait fallu partager entre trente ou quarante personnes ce qui nous suffisait à peine pour faire une très modeste et très frugale réfection, car nos chers Peaux-Rouges sont essentiellement partageux... du bien d'autrui.

Après nous être restaurés, nous revînmes à eux, et le P. Friederich, pendant plus d'une heure, voulut les exciter à s'occuper un peu plus de leur âme et leur parla du bon Dieu. Hélas ! *animalis homo non percipit ea quæ de Deo sunt.* Profondément apathiques et complètement indifférents, la vue de nos Gallibis, accroupis autour du P. Friederich, qui déployait toute son éloquence pour leur donner quelques idées spirituelles, me rappelait involontairement les paroles du Psalmiste : *Oculos habent, aures habent,* mais des yeux qui ne voient pas et des oreilles qui n'entendent pas. Ces sauvages, en effet, regardaient le Père sans le voir et l'écoutaient sans l'entendre. Il n'y avait pas entre le missionnaire et eux ce courant au moyen duquel les idées de celui qui parle pénètrent dans l'âme de l'auditeur et deviennent siennes. Ces âmes matérielles ne vibraient pas et semblaient être étrangères à toute idée suprasensible.

La religion de l'Indien me paraît être une espèce de manichéisme grossier qu'il accommode facilement à toutes les circonstances de sa vie nomade et indépendante.

On ne trouve chez eux aucune image d'une divinité quelconque, aucune cérémonie religieuse proprement dite, aucune heure dans la journée, aucun jour dans l'année consacrés à la prière. Toutes leurs pratiques superstitieuses semblent être la manifestation d'une vague croyance à un principe bon et à un principe mauvais, mais surtout à un principe mauvais. Leur culte consiste donc à employer certains objets qui ont plus d'un rapport avec les gris-gris des noirs qu'on appelle *piayes*, fabriqués par leurs prêtres qui portent le même nom. Il y en a de diverses espèces : les uns sont bienfaisants et se portent suspendus à leurs colliers. Ils guérissent de maladies et préservent d'accidents, neutralisent les effets de la morsure des fauves, de la piqûre des serpents, des scorpions, des scolopendres. Les autres, malfaisants, sont employés contre les ennemis et ceux que l'on hait. Ces derniers sont considérés, à tort ou à raison, comme la cause de la plupart des maladies et des morts qui surviennent.

Chaque tribu possède son prêtre, c'est-à-dire son *piaye*. C'est à lui que revient le droit exclusif de confectionner avec des sucs de plantes, des poils, des ongles, des dents d'animaux, les diverses amulettes qui portent son nom, et qu'il donne moyennant finances. Il cumule avec les fonctions de grand prêtre celles de médecin. Son autorité est incontestée dans la tribu, plus considérable souvent que celle du chef. Il est appelé auprès des malades, donne des remèdes pour les plaies. A sa double fonction sont jointes d'incroyables prérogatives auprès desquelles le prétendu droit du seigneur n'était rien.

Mais pour arriver à cette dignité il est obligé de passer par les épreuves d'un terrible noviciat. Ce sont des jeûnes prolongés, pendant lesquels il ne peut prendre qu'une seule espèce de nourriture. Il doit plonger et rester sous l'eau pendant un temps dont la durée ferait frémir les plus intrépides plongeurs et pêcheurs d'huîtres perlières, puis marcher sur des charbons ardents. On l'oblige à mâcher du tabac dont il doit avaler le jus. On le met dans un hamac où l'on introduit des fourmis flamandes ou des mouches sans raison, espèce de guêpes dont la piqûre est horriblement douloureuse. Ce n'est pas tout encore : il a à subir l'épreuve des serpents et à s'exposer à la piqûre d'un crotale ou d'un trigonocéphale. Il est vrai qu'il a été *piqué* ou *lavé* contre leurs morsures, mais elles n'en sont pas moins douloureuses. Ces épreuves peuvent durer deux à trois ans.

L'aspirant au sacerdoce et au doctorat indien doit demeurer impassible en face de ces épouvantables souffrances, car la moindre plainte, la moindre faiblesse, aurait pour effet de retarder sa nomination et d'annuler les épreuves précédentes. Ce n'est qu'après ce temps qu'il devient grand *piaye*. C'est à lui exclusivement qu'est accordé le droit de battre le tambour et de vociférer auprès du malade pour chasser le mauvais esprit. Il peut à son gré exploiter la crédulité de ses congénères et satisfaire ses instincts les plus pervers et les plus cruels. Quel que soit le ridicule et l'absurdité des remèdes qu'il administre, ces remèdes sont toujours efficaces. Si les malades meurent, ce sont eux qui ont tort, lui a toujours raison. Il faut ajouter, pour être absolument dans le vrai, au moins chez les Gallibis, que tout ceci est de l'histoire, mais de l'histoire ancienne. Le tafia a tout détruit et tout remplacé, même les terribles piayes.

Les pressantes exhortations du P. Friederich, comme on le pense bien, ne produisirent qu'un médiocre effet sur ces pauvres créatures profondément déchues, et en quittant ce premier village indien, malgré les promesses que nous leur avions arrachées de venir à Saint-Laurent se faire instruire auprès des Pères, nous n'emportions qu'un bien faible espoir, que les semaines et les mois qui suivirent dissipèrent totalement.

Ce même jour, nous visitâmes deux autres villages, dont un était complètement abandonné. Les habitants, hommes, femmes et enfants, étaient descendus au bas de la rivière pour se livrer à la pêche du machoiran. Il y avait huit jours qu'ils étaient partis, et ils ne devaient rentrer, selon toute probabilité, que la semaine suivante. Les carbets étaient vides; car le Peau-Rouge, à plus juste titre que le philosophe de l'antiquité, peut dire : *Omnia mecum porto :* « Je porte toute ma fortune avec moi. »

C'est surtout à l'embouchure de la Mana que se fait leur pêche. Je les ai vus bien souvent en remontant ou en descendant cette rivière. Ils arrivent sur des pirogues où ils ont placé tout leur mobilier et chargées à couler bas, et où sont entassées quelquefois dix, quinze et même vingt personnes. Quand la pirogue se remplit d'eau, ce qui doit arriver fréquemment, tout le monde, enfants comme grandes personnes, se mettent à la nage, renversent le tronc d'arbre creusé, le vident, et reprennent bientôt leur place, sauf à recommencer si, la mer étant un peu grosse, le même accident leur arrive. Petits et grands nagent du reste comme des poissons.

Les endroits qu'ils choisissent de préférence pour s'installer sont les bancs de sable qui se trouvent à l'embouchure de la plupart des cours d'eau de la Guyane. C'est sur ce sable brûlant au milieu du jour, qu'ils construisent un petit ajoupa, avec quelques branches de maripa et de pinot qui sert d'abri à toute la famille. La cuisine et le boucanage du poisson se fait en plein air. Si la pêche a été abondante, ils se hâtent de monter à Mana échanger une partie de leur pêche contre du tafia. Pendant mon séjour dans cette localité, il ne se passait guère de jour sans qu'il arrivât une ou deux pirogues indiennes. M. Sicard leur offrait un grand carbet, où ils s'installaient à leur guise pendant la nuit, et où ils suspendaient leurs hamacs. La journée se passait sur la place ou au bord de la rivière. Assis par terre ou accroupis, ils se passaient la bouteille de tafia qu'on venait de leur donner en échange de leur poisson, et ils mettaient à la vider à peine le temps qu'on avait employé à la remplir.

Le troisième village, composé d'une dizaine de carbets, présentait le même aspect que le premier que nous avions visité. A notre arrivée, une demi-douzaine d'enfants, dont quelques-uns paraissaient avoir moins de quatre ans, s'ébattaient dans le fleuve comme s'ils avaient été dans leur élément, plongeant, se poursuivant comme auraient fait une bande de marsouins le long d'un navire en pleine mer. Aussitôt qu'ils nous aperçurent, ils sortirent de l'eau, comme une troupe de poissons volants que poursuit le requin, et coururent se réfugier dans le giron maternel. Notre arrivée ne causa pas d'autre émoi. Et la maman d'un de ces enfants, à la longue chevelure plate, se mit en devoir, en notre présence, de faire la chasse aux poux de l'enfant qui était blotti entre ses genoux, de les porter à la bouche, puis de les croquer au fur et à mesure qu'elle les saisissait.

Dans notre visite aux carbets, nous trouvâmes un Indien couché dans son hamac et poussant de longs gémissements. Nous étant approchés de lui, nous lui demandâmes ce qu'il avait.

« Ma femme est accouchée, nous dit-il, je suis malade, » et notre Indien de geindre plus fort.

Chez les Peaux-Rouges, en effet, existe cette coutume bizarre : ce n'est pas la mère qui vient de mettre un enfant au monde qui reçoit des soins, qui demeure dans le hamac, pour laquelle on prépare le *mathété*, c'est le mari et le père. C'est invraisemblable, et pourtant c'est vrai. Et c'est la pauvre femme qui est obligée de lui donner tous les soins que réclame son état à elle-même.

On nous demanda et nous eûmes la pensée de baptiser

le nouveau-né. Mais, réflexion faite, et pour nous conformer aux préceptes de l'Église, qui ne permet d'ondoyer un enfant que dans le cas de nécessité et lorsqu'il est en danger de mort, et qui d'un autre côté prescrit de ne conférer ce sacrement qu'à des enfants que les parents promettent d'élever dans les principes de la religion catholique, nous ne crûmes pas devoir accéder à leur désir.

Tous ces Indiens du reste sont baptisés plutôt plusieurs fois qu'une. Étant en communication continuelle avec Saint-Laurent, Mana Iracoubo, ils choisissent pour parrain et marraine de leurs nouveau-nés des personnes qui puissent leur faire quelques présents. En cela consiste toute leur religion. Aucun d'eux ne sait faire même le signe de la croix, et dans leurs fréquentes excursions à Saint-Laurent et à Mana, vous ne voyez jamais un seul de ces Indiens entrer à l'église ou assister à une de nos cérémonies religieuses. Est-ce parce qu'ils n'ont pas de vêtements, ou bien est-ce leur insouciance ? Il leur serait facile de se couvrir d'une manière convenable, et à bien peu de frais.

A ce propos, je me rappelle qu'un jour l'un d'entre eux vint nous offrir du poisson. Le P. Kraenner, après l'avoir payé, lui demanda ce qu'il avait fait d'une chemise qu'il lui avait donnée quelques jours auparavant pour s'habiller un peu.

« Père, lui répondit-il avec cet air de complète impassibilité qui leur est propre, le vent a emporté la voile de ma pirogue, et il m'en fallait un autre; je l'ai faite avec la chemise que tu m'as donnée. »

Ceci donne une idée de l'indifférence de ces populations indiennes pour tous les raffinements de notre civilisation et même pour les choses que nous considérons comme de première nécessité. Habitués du reste dès l'âge le plus tendre à ne porter que l'indispensable calimbé, le vêtement, même le plus simple et le plus léger, est pour eux un embarras et une gêne.

Comme, dans la matinée, nous voulûmes réunir les hommes et les femmes, le P. Friederich leur fit le catéchisme en créole, essayant de leur apprendre le signe de la croix et de leur donner quelques idées sur la vie future, vie de bonheur pour les bons et de malheur pour les méchants. Pendant que le cher Père parlait avec une éloquence digne d'un meilleur auditoire, je considérais ces pauvres enfants de la nature, qui sont aussi des enfants de Dieu; et si j'avais eu un crayon et un album, il m'aurait été facile de donner un dessin assez ressemblant de la scène que j'avais devant les yeux, et que je vais essayer d'esquisser.

Les Peaux-Rouges étaient assis çà et là sur leurs talons, silencieux et immobiles. De petite stature, ils portent un tronc carré sur des jambes grêles. Leurs cheveux noirs et plats tombent sur leurs épaules; la tête est grosse. Leur figure au front bas, aux yeux un peu bridés et obliques, aux pommettes saillantes, revêt en général un caractère de mélancolie dû à la forme de la bouche, dont les extrémités, au lieu de se relever, s'abaissent. Mais ce qui les distingue surtout, c'est leur impassibilité et l'immobilité de leurs traits.

Sous cette teinte d'un jaune pâle ou cuivré, on n'aperçoit aucun scintillement d'une âme immortelle, et on constate avec tristesse que ce sont là les restes dégénérés d'une belle et noble race, que le contact avec notre prétendue civilisation et l'alcoolisme abrutissent de plus en plus. Je dis belle et noble race, car les voyageurs qui ont visité le haut fleuve, et ont été en rapport avec les peuplades qui l'habitent, sont unanimes à dire que ces Indiens, d'une taille élevée, aux membres bien proportionnés, à la fière mine, étaient dignes d'être les maîtres des grands fleuves et de la grande forêt.

Après avoir parcouru les uns après les autres les six villages des Peaux-Rouges, ainsi appelés non à cause de la couleur naturelle de leur peau, qui est jaune ou cuivrée, mais bien parce qu'ils ont l'habitude de teindre leur corps avec une substance rouge qu'ils extraient de la graine du rocou, nous revînmes à Saint-Laurent, très peu enthousiasmés de notre tournée apostolique, et n'emportant avec nous qu'un bien faible espoir de les voir mettre à exécution les promesses que nous leur avions arrachées de venir se faire instruire auprès des Pères, lorsqu'ils se rendraient sur le pénitencier.

Pendant les deux mois que je dus passer encore à Saint-Laurent, à cause de la quarantaine, je pus, en effet, constater que ces promesses ne furent nullement réalisées. Il ne se passait guère de semaine sans que deux ou trois pirogues, pleines d'hommes, de femmes et d'enfants ne vinssent accoster au débarcadère. Après avoir halé leurs embarcations sur le sable du rivage, ils se dirigeaient invariablement vers certains cabarets bien connus, passant devant notre maison et l'église sans s'y arrêter jamais.

Hélas! les enseignements qu'ils reçoivent et les exemples qu'ils ont sous les yeux à Saint-Laurent ne sont guère propres à les rapprocher de notre sainte religion.

FIN

TABLE

Préface.. 2
Aperçu géographique.. 11

I. — Avant le départ. — Cayenne au point de vue religieux. — Le Père Mignon. — Coup d'œil sur la Guyane..................... 18

II. — Encore la Guyane et Cayenne. — Ses mines d'or.......... 29

III. — Mission et préfecture apostolique. — Préparatifs de départ. — Visite au gouverneur. — Mort de ses enfants. — Subsides refusés par la commission coloniale et accordés par M. Le Cardinal................ 35

IV. — De Cayenne à Mana. — Embouchure de la Mana et du Maroni. — Le bourg de Mana. — Léproserie de l'Accarouany............... 40

V. — Départ de Mana. — Le Maroni. — Le pénitencier de Saint-Laurent. — La transportation. — Ce qu'elle est. — Causes d'insuccès. — Côté moral. — Côté matériel. — Conclusion. — Quarantaine................ 52

VI. — Chez Bar et chez Bastien. — Sparwin. — Le fidèle Apatou. — Ma caisse. — Placériens. — Pêche à la dynamite. — Lettre du Gran-Man des Boschs. 63

VII. — Le jaguar. — Société forestière. — Le village de Saint-Bernard. — Prière et catéchisme. — Singe rouge ou hurleur. — Messe du dimanche. — Préparatifs de départ...................................... 75

VIII. — Notre équipage. — Moyen Maroni. — Sauts et rapides. — Paramaca. — Placer du Serre. — L'or à la Guyane. — Piqûre de chauve-souris.... 91

IX. — Au-dessus des sauts. — Chasse au pac. — L'aymara et le coumarou. — Le fromager de la crique Youca. — Épidémie de fièvre jaune....... 116

X. — Les Poligoudous. — Longs pourparlers. — Entrée au village. — Sainte messe et eau bénite. — Réunion du soir. — Case du Gran-Man. — Transportés évadés. — Songe au clair de la lune. — Une évasion dans l'île de Cayenne. 127

XI. — L'Awa. — Village bosch. — Chasse au patira. — Maison de campagne du Gran-Man. — Entrée à Cottica. 142

XII. — Arrivée à Cottica. — Réception. — Gran-Man. — Logement. — Sainte-Messe. — Accès de fièvre. — L'Awa. — Habileté des Bonis à la nage. . . . 156

XIII. — Le village et les cases de Cottica. — Costume. — Tatouage. 169

XIV. — Visite des villages autour de Cottica. — Baptême. — Repas chez les Bonis. 174

XV. — Mœurs des nègres Bonis. — Habileté à la chasse et à la pêche. — Caractère doux et hospitalier. — Ils acceptent facilement les vérités religieuses. 182

XVI. — Baptême solennel du Gran-Man Anato et de sa famille. — Le grand conseil décide que tous seront chrétiens. — Réjouissances. — Danses. — Cadeaux. Médailles. — Adieux touchants 192

XVII. — Descente de l'Awa. — Une nuit humide. — Retour aux Poligoudous. — Lettre du Gran-Man. — Chez les Yucas. — Dans le Tapanaoni. — Une piqûre de raie. — Le tapir. 199

XVIII. — Rio-Condé. — Le fils du grand fromager de la crique Yuca. — Fétichisme. — Le kifonga et le boussou. — Naissance d'un enfant. — Beauté des nuits. 209

XIX. — A Kémenti. — Trois vieux capitaines. — Un *oubia*. — Baptême d'une vieille femme mourante. — Albinos. — Lèpre et éléphantiasis. — Serpents. 216

XX. — Réception à Piket. — Grand conseil au sujet de l'établissement d'une mission. — Belles promesses du Grand-Man. — Son pouvoir absolu. — Invitation à déjeuner. — Cadeaux. — Le village de Piket 231

XXI. — Départ. — Singa-Massouna. — Funérailles. — Mères et enfants. — Mariages. — État de la femme. 242

XXII. — Calendrier. — Baptêmes. — Mariages. — Pêche avec le robinianicou. — Rentrée à Saint-Laurent. 253

XXIII. — Topographie et hydrographie du Maroni. 261

XXIV. — Ethnographie du Maroni. 268

XXV. — Indiens Gallibis (Peaux-Rouges). 279

www.ingramcontent.com/pod-product-compliance
Lightning Source LLC
Chambersburg PA
CBHW070536160426
43199CB00014B/2268